# VOZES DA PSICANÁLISE

Blucher

# VOZES DA PSICANÁLISE

*Clínica, teoria e pluralismo*

Organizador

David B. Florsheim

VOLUME III

1967-1990

*Vozes da psicanálise: clínica, teoria e pluralismo*


*Publisher* Edgard Blücher
*Editor* Eduardo Blücher
*Coordenação editorial* Jonatas Eliakim
*Diagramação* Thaís Pereira
*Produção editorial* Kedma Marques
*Preparação de texto* Bárbara Waida
*Revisão* Samira Panini
*Capa* Cristiano Gonçalo

**Blucher**

Rua Pedroso Alvarenga, 1245, 4° andar
04531-934 – São Paulo – SP – Brasil
Tel.: 55 11 3078-5366
**contato@blucher.com.br**
**www.blucher.com.br**

Segundo o Novo Acordo Ortográfico, conforme 5. ed. do *Vocabulário Ortográfico da Língua Portuguesa*, Academia Brasileira de Letras, março de 2009.



Dados Internacionais de Catalogação na Publicação (CIP)
Angélica Ilacqua CRB-8/7057

Vozes da psicanálise: clínica, teoria e pluralismo: volume 3 1967-1990 / organizado David B. Florsheim. – São Paulo : Blucher, 2023.

314 p.

Bibliografia
ISBN 978-65-5506-322-6

1. Psicanálise I. Florsheim, David B.

22-7464 CDD 150.195

Índice para catálogo sistemático:
1. Psicanálise

O movimento histórico da vida humana consiste no fato de ela nunca ser absolutamente vinculada a qualquer ponto de vista único e, assim, nunca pode ter um horizonte realmente fechado. O horizonte, em vez disso, é algo para o qual nos movemos e o qual se move dentro de nós. Os horizontes mudam para o sujeito que está se movendo.

Hans-Georg Gadamer (2006, p. 303)

# Conteúdo

## JEAN LAPLANCHE (1924-2012)



## PIERRE FÉDIDA (1934-2002)

# Introdução

*Deveríamos acolher o pluralismo radical que irá substituir a busca impossível por fundamentos, pois "o conhecimento pós-moderno... refina nossa sensibilidade às diferenças e reforça nossa capacidade para tolerar o incomensurável".*

Trecho entre aspas de Lyotard (1984, p. XXV), citado por Downing (2000, p. 88)

O pluralismo existente no mundo contemporâneo é provavelmente o maior já visto na história. Seja em termos éticos, estéticos, políticos, científicos, metodológicos, gastronômicos, identitários etc., não apenas existe uma enorme diversidade, como o convívio entre os diferentes também é acentuado.

Como afirma Bernstein (2010), existem diferentes maneiras de se lidar com o pluralismo. Os regimes totalitários, por exemplo, normalmente o negam ou tentam eliminá-lo, uma vez que o contato com modos alternativos de pensamento tende a aumentar a visão crítica. Outra maneira de lidar com o pluralismo – mais complexa e desafiadora – é "nos engajar criticamente com o que é de fato diferente, o que percebemos como incomensurável, e tentar honestamente promover a tarefa – *die Aufgabe* – de compreender criticamente o que é diferente de nós, sem negar ou distorcer a sua 'alteridade'" (p. 392).

O campo da saúde mental é plural e nele encontram-se todas essas estratégias citadas para lidar com a diversidade existente. De acordo com Kecmanović (2011), muitos profissionais desse campo não têm consciência de como a abordagem teórica adotada por eles influencia a maneira de pensar a prática clínica. Além disso, eles normalmente não questionam as pressuposições e os pontos fracos da abordagem adotada, considerada a melhor dentre todas as existentes, e não possuem muito interesse no que está ocorrendo para além de suas fronteiras. Atitudes como essas implicitamente ignoram ou até mesmo negam o pluralismo.

Com relação à estratégia de eliminação do pluralismo, pode-se, por exemplo, percebê-la nos cursos de graduação de Psicologia, nos quais são apresentadas diferentes abordagens de psicoterapia. Por mais que na grade curricular a diversidade exista, alguns docentes criticam duramente em sala de aula as abordagens com as quais não se identificam. Críticas metodológicas e epistemológicas são esperadas e até mesmo desejáveis no ambiente acadêmico, contudo, muitas vezes as críticas são intencionalmente baseadas em conhecimentos equivocados, preconceitos antigos e reducionismos. Isso aponta mais para um proselitismo do que para um diálogo intelectual honesto, principalmente se considerarmos que a audiência dessas críticas são pessoas em formação e, portanto, menos propensas a questionar as críticas de alguém ocupando um lugar de poder.

Otto Kernberg, um psicanalista contemporâneo influente, escreveu um artigo no qual enumera trinta maneiras de destruir a criatividade de psicanalistas em formação. Ele sugere o seguinte, de forma irônica, aos psicanalistas mais experientes e com mais *status* nas instituições:

> *Esteja bem atento a candidatos que tendem a questionar as opiniões de qualquer um dos autores preferidos e prestigiados em sua instituição psicanalítica. Deixe clara a mensagem de que o pensamento crítico é bem--vindo, desde que confirme as opiniões de seus líderes dominantes mais importantes. Não deixe de premiar os estudantes que estejam entusiasmados e inteiramente convencidos com aquilo que você lhes ensina (exceto, é claro, as contribuições das "escolas divergentes" – espera-se que estas provoquem apropriadas reações de incredulidade e indignação entre os estudantes). Se, com tato e firmeza, você mostra apreço pelos estudantes que concordam com a visão oficial de sua instituição, as tentações para desenvolver visões novas, diferentes, questionadoras ou divergentes poderão gradualmente desaparecer (Kernberg, 2010, p. 14).*

A citação aponta para a existência de movimentos sectários no interior da psicanálise. Ainda que no passado isso possa ter sido mais frequente, ainda é possível observar modos totalitários de se lidar com a diversidade no interior dos institutos de formação. Na ciência, de uma forma geral, buscar eliminar a pluralidade de abordagens normalmente está relacionado à tentativa de estabelecimento de um único paradigma. Paradigmas, de acordo com Thomas Kuhn (1962/1996), são "realizações científicas universalmente reconhecidas, as quais por algum tempo oferecem modelos de problemas e soluções a uma comunidade de praticantes" (p. X).

Os campos da saúde mental, da psicoterapia e da psicanálise não possuem paradigmas. Isso porque, de acordo com Kuhn (1962/1996), quando um novo paradigma surge, ele forçosamente substitui o anterior, de modo que a maioria dos pesquisadores e cientistas passa a adotar esta nova referência. Isso não acontece no estudo sobre o sofrimento psíquico. Por mais que sempre existam abordagens hegemônicas – como é a psiquiatria diagnóstica nos dias atuais e como foi a psicanálise até a década de 1970 –, normalmente existem múltiplas abordagens coexistindo.[1]

As várias abordagens da saúde mental são baseadas em princípios teóricos diferentes, veem o seu campo de estudo a partir de pontos de vista diferentes, usam técnicas diferentes de investigação e pressupõem interpretações e soluções amplamente heterogêneas para as questões (Aragona, 2011). Dessa maneira, mesmo não sendo possível considerar a existência de paradigmas nesse contexto, certamente podemos afirmar que as abordagens, como os paradigmas, são incomensuráveis. Mas o que exatamente isso significa?

De acordo com Kuhn (1962/1996), "em primeiro lugar, os proponentes dos paradigmas alternativos frequentemente discordam sobre a lista de problemas que qualquer candidato a paradigma deve resolver. Seus padrões ou as suas definições de ciência não são as mesmas" (p. 148). Em se tratando de saúde mental, é evidente a existência de diversas definições de ciência, pois, se algumas vertentes se aproximam mais das ciências naturais e utilizam critérios positivistas de ciência, outras se aproximam mais das ciências humanas e podem utilizar uma compreensão hermenêutica ou fenomenológica, por exemplo. No interior da própria psicanálise é possível perceber

---

1 Em se tratando de psicoterapia, é possível afirmar que atualmente existem ao menos quinhentas abordagens diferentes (Lilienfeld & Arkowitz, 2012). Já no caso da psicanálise podemos considerar ao menos sete grandes escolas de pensamento (Zimerman, 2004).

entendimentos variados a esse respeito (Simanke, 2009). Essa heterogeneidade de concepções frequentemente provoca julgamentos e questionamentos a respeito da credibilidade de cada abordagem. Isso dificulta a comunicação e aumenta o isolamento entre elas.

O segundo aspecto que caracteriza a incomensurabilidade entre os paradigmas, de acordo com Kuhn (1962/1996), se refere ao fato de os novos paradigmas nascerem dos antigos e incorporarem boa parte do vocabulário e dos aparatos conceituais e práticos destes últimos. Porém, os novos paradigmas não utilizam os termos, conceitos e experimentos da maneira tradicional, mas estabelecem novas relações entre eles. Essa forma de incomensurabilidade enfatiza o aspecto de as palavras e os conceitos mudarem o sentido quando um novo paradigma se torna dominante. Apesar de utilizarem o mesmo termo, o universo de Newton é diferente do universo de Einstein, assim como o inconsciente de Freud é diferente do de Jung (e do de Klein, Janet, Lacan etc.). Mesmo alguns dos vocabulários mais comuns e fundamentais do campo da saúde mental, como "doença mental" ou "sintoma", são definidos de formas variadas nas diferentes abordagens.

O terceiro aspecto que caracteriza a incomensurabilidade é o fato de os proponentes de paradigmas diferentes trabalharem em mundos diferentes. Os profissionais veem coisas diferentes quando olham, por exemplo, para o que chamam de "realidade clínica". Dessa maneira, pode-se utilizar a observação e a experiência de modos cientificamente rigorosos e ainda assim chegar a conclusões e resultados muito diferentes daqueles de outras abordagens e paradigmas.

A incomensurabilidade, portanto, se refere à dificuldade ou mesmo impossibilidade de comparar ponto a ponto as diferentes abordagens. Não faz sentido perguntar qual é a noção de inconsciente para o behaviorismo, assim como não faz sentido perguntar como um psicanalista reforça um comportamento, por exemplo. É também muito difícil empreender uma pesquisa empírica para determinar qual abordagem de psicoterapia é a mais eficiente, pois os objetivos delas são diferentes. Afirmar que uma abordagem é melhor que outra por ser mais "rápida" para eliminar sintomas, por exemplo, implica considerar a eliminação de sintomas como o objetivo mais importante da psicoterapia. Porém, nem todas as abordagens entendem essa lógica médica como um critério importante de eficácia. Julgar as diversas abordagens unicamente por sua capacidade de tornar o inconsciente mais consciente ou pela criação de novas aprendizagens seria igualmente problemático. Em resumo, a interação e a comparação das diferentes abordagens são complexas justamente em razão da incomensurabilidade.

A incomensurabilidade entre paradigmas e abordagens se torna uma questão problemática quando é utilizada como justificativa para a incomunicabilidade entre diferentes. Alguns afirmam o seguinte: se cada abordagem possui uma concepção de mundo e uma concepção de ser humano - ou de "sujeito", como uns prefeririam - muito diferentes das demais, então não haveria ou não seria desejável e/ou produtiva a comunicação entre elas. Desse modo, não deveríamos nos preocupar com o que acontece para além das fronteiras das abordagens adotadas e, portanto, poderíamos ficar confortáveis em nossas torres de marfim. Porém, segundo Bernstein (2010):

> *A incomensurabilidade não é uma barreira teórica, epistemológica ou semântica que bloqueia a compreensão. Ao contrário, ela nos apresenta um* desafio e uma tarefa práticos *(na verdade um conjunto complexo de tarefas). Com muita frequência a "conversa" sobre a incomensurabilidade é uma desculpa - um sinal da*

> *falência prática de nos engajarmos no difícil trabalho de compreensão mútua. É muito mais fácil retrocedermos às oposições e dicotomias binárias simplistas – "nós"* versus *"eles" (p. 391, grifos do original).*

Se, por um lado, a incomensurabilidade entre as diferentes abordagens de fato existe, por outro, a comensurabilidade também existe. Considerar a incomensurabilidade como sinônimo de incomunicabilidade pode até ser utilizado como álibi para interlocutores adeptos de regimes totalitários, mas certamente não é a conclusão obrigatória de uma reflexão epistemológica profunda. De acordo com Bernstein (2010), "o panorama de culturas, vocabulários, línguas, paradigmas etc. sugerido por uma incomensurabilidade totalizante é profundamente equivocado. Ele é estático e reificado. Esse panorama ignora a medida na qual qualquer língua *viva*, qualquer vocabulário é intrinsecamente aberto" (p. 387). Como afirma Vessey (2016), "não existe nada que possa ser entendido e que não possa ser comunicado e, portanto, entendido pelos outros" (p. 419), de modo que, se as pessoas tiverem interesse, sempre há diálogo possível.

Dar-se conta das diferenças não deveria ser utilizado como argumento para necessariamente afastar-se delas. Ao menos não em uma sociedade democrática. É verdade que o aprofundamento teórico em uma abordagem é necessário para compreendê-la bem. Porém, dialogar com a pluralidade não apenas não precisa ser visto como inútil ou ameaçador, como na verdade pode ser bastante enriquecedor, à medida que o contato com a alteridade pode nos fazer compreender melhor o nosso próprio ponto de vista. Dialogar não é tentar converter o outro nem correr o risco de ser convertido, mas considerar o ponto de vista diferente para articular um determinado assunto. Ao fim do diálogo poderá existir um novo entendimento, mas isso não implica concordância entre os interlocutores no sentido de terem o mesmo ponto de vista. Diálogo não é apagamento das diferenças, mas sua valorização.

É a partir dessa concepção de diálogo que essas *Vozes da psicanálise* foram idealizadas, organizadas e agora estão sendo apresentadas. A proposta é oferecer um acesso mais direto ao pensamento dos principais autores da história da psicanálise no intuito de promover o diálogo com a diversidade desse campo do saber. Para qual direção o diálogo com o diferente nos levará é algo que não podemos saber com precisão, mas o enriquecimento de nossas compreensões clínicas parece bastante provável.

## *Sobre a Coleção*

Seguem algumas informações a respeito da Coleção para que seus critérios de organização e seus objetivos fiquem mais claros:

- É dirigida principalmente a clínicos e não possui uma abordagem acadêmica convencional. Seu objetivo é promover a diversidade – as diversas vozes – da psicanálise, almejando que o leitor se interesse por novas compreensões clínicas. As indicações de leitura presentes ao fim de cada capítulo visam oferecer caminhos para um aprofundamento posterior nos conceitos apresentados.

- Cada um dos capítulos apresenta o desenvolvimento de um conceito de algum psicanalista mundialmente conhecido. A articulação com a experiência clínica, um limite máximo de caracteres e a busca por clareza estão presentes em todos os textos.

- As ilustrações clínicas foram escritas levando em consideração um rigoroso cuidado ético com o sigilo, de modo a não expor informações que identifiquem as pessoas envolvidas. Como é sabido, a transmissão de conhecimento via narrativas clínicas tem sido fundamental na história da psicanálise.

- A Coleção apresenta um recorte da diversidade da psicanálise e, portanto, não pretende contemplar toda a riqueza de 120 anos de desenvolvimento teórico e clínico. Assim, foram selecionados apenas alguns conceitos e autores, de modo que a ausência de algum destes não implica um desmerecimento ou um desconhecimento de sua importância. Buscou-se incluir o maior número possível de autores importantes da psicanálise nos limites da Coleção, mas todo recorte possui um caráter arbitrário, é claro.

- A classificação dos volumes da Coleção em períodos históricos foi realizada estabelecendo uma data média das principais publicações dos autores. Freud, por exemplo, inicia suas publicações psicanalíticas oficialmente com *A interpretação dos sonhos* (1900) e sua última grande obra é *Moisés e o monoteísmo* (1939). Desse modo, a média aproximada para esse autor é o ano de 1919 e, por isso, ele está no Volume 1 da Coleção (1900-1942). Assim foi feito com os demais.

*David B. Florsheim*
*Organizador*

## *Referências e indicações de leitura*

Aragona, M. (2011). The epistemological basis of psychiatric controversies. *Psychiatria Danubina*, *23*(3), 223-236.

Bernstein, R. J. (2010). The specter haunting multiculturalism. *Philosophy & Social Criticism*, *36*(3-4), 381-394.

Downing, J. N. (2000). *Between conviction and uncertainty: philosophical guidelines for the practicing psychotherapist*. State University of New York Press.

Kecmanović, D. (2011). Conceptual discord in psychiatry: origin, implications and failed attempts to resolve it. *Psychiatria Danubina*, *23*(3), 210-222.

Kernberg, O. F. (2010). Trinta maneiras de destruir a criatividade dos candidatos à psicanálise. *Percurso*, *45*, 13-24.

Kuhn, T. S. (1962/1996). *The structure of scientific revolutions* (3rd ed.). The University of Chicago Press.

Lilienfeld, S. O., & Arkowitz, H. (2012). Are all psychotherapies created equal? *Scientific American Mind*, *23*(4), 68-69.

Lyotard, J.-F. (1984). *The postmodern condition: a report on knowledge*. University of Minnesota Press.

Simanke, R. T. (2009). A psicanálise freudiana e a dualidade entre ciências naturais e ciências humanas. *Scientiæ Studia*, *7*(2), 221-235.

Vessey, D. (2016). Dialogue, goodwill, and community. In N. Keane, & C. Lawn (Eds.), *The Blackwell Companion to Hermeneutics*. Wiley-Blackwell.

Zimerman, D. E. (2004). *Manual de técnica psicanalítica: uma re-visão*. Artmed.

# JACQUES LACAN (1901-1981)

# 1. Do sintoma ao *sinthoma*

*Angélica Bastos*

A concepção de *sinthoma* é transclínica, pois considera o modo de articulação entre real, simbólico e imaginário para cada sujeito, singularmente, para além das estruturas clínicas da neurose, da psicose e da perversão. O *sinthoma* só pode ser concebido a partir dos registros da experiência psicanalítica, ou seja, do enlace entre: (a) o real da satisfação pulsional além do princípio do prazer denominado gozo, (b) o simbólico dos significantes que marcam o sujeito e (c) o imaginário do corpo que lhe serve de suporte à subjetivação.

O termo *sinthoma* traduz em português *sinthome*, uma forma antiga de escrita em francês. Enquanto o termo sintoma designa o sintoma freudiano clássico, retorno do recalcado como formação substitutiva passível de interpretação, a grafia *sinthoma* distingue algo novo: o enlace entre real, simbólico e imaginário operado por um quarto elemento ou elo. Graças ao *sinthoma*, os três elos se amarram, diferenciam-se, localizando o gozo nas articulações entre os registros. O *sinthoma* designa, portanto, algo diferente do sintoma freudiano, embora não o exclua.

Em sua definição inaugural, o sintoma psicanalítico é sintoma neurótico, atrelado à função paterna, por ter no complexo de Édipo o complexo nuclear das neuroses e a matriz de identificações e investimentos libidinais envolvidos nas manifestações sintomáticas. O sintoma freudiano é portador de uma mensagem a ser decifrada, abarca um envoltório formal e um núcleo de satisfação além do princípio do prazer, isto é, um envelope significante e o gozo.

O sentido inconsciente do sintoma implica a questão: o que ele quer dizer? Essa interrogação restringe-se ao envelope formal, que não esgota o sintoma. É preciso indagar o que quer o sujeito ao dizer o que diz, sua posição de enunciação em relação ao que o aflige. Por fim, interroga-se o que isso quer, ou seja, o gozo no cerne da concepção seja do sintoma, seja do *sinthoma*.

A passagem do sintoma metafórico ao *sinthoma* não invalida o primeiro, podendo coexistir com ele, o que conduz ao conceito de nome-do-pai e, sobretudo, à sua pluralização. O nome-do-pai é um elemento de linguagem, um significante que cumpre a função metafórica por excelência, aquela de incidir sobre o desejo da mãe, substituí-lo por outro significante, por meio de uma operação própria à estrutura do inconsciente. O nome-do-pai é comparado a um anel que permite manter juntos os termos do complexo edípico: a mãe, a criança e o falo. Esse significante privilegiado revela-se múltiplo, daí sua pluralização, pois não se trata de um significante único e unívoco, no singular, mas nomes que, para os diferentes sujeitos, preenchem a função que resulta tanto na significação fálica quanto em efeitos de regulação sobre o real do gozo.

O sintoma grafado com *th* figura no título de *O Seminário, livro 23: o sinthoma* (Lacan, 1975-1976/2007), embora já se encontre a hipótese de um quarto elo no seminário 22 e nas conferências "Joyce, o sintoma" (de 16 de junho de 1975) e "Joyce, o sintoma" (de 20 de junho de 1975), sobre o escritor irlandês em cuja obra a concepção de *sinthoma* se inspira.

Os três registros exigem uma ação suplementar que os ligue, uma função tradicionalmente atribuída ao nome-do-pai, derivado do pai edípico, que se torna, assim, pai do nome, por permitir a nominação, isto é, dar nome às coisas e, em especial, ao gozo. A ação suplementar retoma uma concepção prévia de suplência, entendida como algo que vem suprir a ausência ou a inoperância do nome-do-pai, significante fundamental e ordenador. Na clínica dos nós, sobre o fundo da não relação entre os três registros independentes e indiferenciados, a ação suplementar os enlaça. Por conseguinte, essa ação não vem remediar um déficit ou patologia, sendo necessária à estabilidade do enodamento.

Na formação do sintoma (Freud, 1921/2021), a relação com o ter, com o objeto do eu (o que se quer possuir), repousa sobre o investimento libidinal, conjugando-se à relação com o ser, com o sujeito do eu (o que o sujeito se torna), própria à identificação. O *sinthoma* já não se coloca como algo de que o sujeito é portador, algo que ele tem, mas o que ele é, que estrutura a subjetividade.

O caso Dora é paradigmático do ponto de vista da neurose, pois envolve o *sinthoma* e vários sintomas. O complexo de Édipo ordena sua vida psíquica, posto que é o complexo nuclear das neuroses. Assim, ela se vale do pai, tomado como representante da lei no inconsciente, e ele funciona como referência maior, como *sinthoma*. Graças ao pai edípico, articulam-se o real da satisfação pulsional (obtida nos sintomas de repugnância, tosse, afonia etc.), o simbólico dos significantes que a marcaram (prêmio oferecido pelo pai ao sr. K., suicídio, simuladora, vestíbulo, bosque, lago etc.) e o imaginário do corpo com suas conversões histéricas. Com base nas relações do pai com a amante, Dora interroga a sexualidade e a feminilidade, articulando a fantasia inconsciente à qual os sintomas remetem.

Repugnância, sensação de pressão na parte superior do corpo, tosse e afonia são sintomas de que ela sofre, são sintomas que possui, produzidos a partir do pai como *sinthoma*. Sintomas fóbicos e obsessivos também remetem à função paterna e ao *sinthoma*.

A pluralização do nome-do-pai abre a via para recursos que não o pai edípico e desemboca no *sinthoma*, suscetível de realizar a ação suplementar de concatenação dos registros. O pai se torna, assim, um *sinthoma* dentre outros. A conjectura de Lacan sobre James Joyce constitui a ilustração princeps sobre o *sinthoma*, pois sua obra teria cumprido, frente à carência paterna, a função de quarto elo. De acordo com essa hipótese, o imaginário do corpo estaria em fuga, solto, e a escrita literária exerceria a função de *sinthoma*, capaz de atá-lo aos dois registros diretamente ligados: o real do gozo e o simbólico da palavra.

O *sinthoma* designa algo que se é – o ser de gozo do falante –, daí seu caráter incontornável, porém passível de construção e substituição. Por sua vez, o sintoma metafórico é suscetível de decomposição em identificação e investimento libidinal, em envelope formal e satisfação pulsional, sendo passível de dissolução, não sem restos, pela operação analítica. A experiência com sujeitos neuróticos atesta que há um além do Édipo, vale dizer, é possível encontrar uma nominação para além do que funciona como nome-do-pai, ao passo que na clínica com psicóticos trata-se frequentemente de, em meio a tentativas de cura, forjar um elemento que faça as vezes de *sinthoma* apto a articular o nó de forma estável.

O analista pode desempenhar, no quadro da experiência do inconsciente, a função de *sinthoma*, ao sustentar o enodamento. Isso amplia o tratamento psicanalítico para sujeitos que não conferem ao analista o lugar de suporte da suposição de saber e/ou não o situam como um objeto ativo, capaz de causar o desejo.

Longe de eliminar o sintoma ou promover adaptação a ele, a identificação ao *sinthoma* no final de uma análise consiste em se virar com o núcleo de gozo inerradicável. Despojado das dimensões imaginárias e simbólicas do envelope formal do sintoma, esse núcleo comporta antes a letra do que o significante e a identificação ao *sinthoma* compreendem: um saber fazer aí onde não há vida sem gozo.

## *Referências e indicações de leitura*

Freud, S. (1921/2021). Psicologia das massas e análise do Eu. In *Obras incompletas de Sigmund Freud* (Cultura, sociedade e religião, pp. 137-225). Autêntica.

Lacan, J. (1975/1979). Joyce, o Sintoma. In *Outros escritos* (pp. 560-566). Jorge Zahar.

Lacan, J. (1975-1976/2007). *O Seminário, livro 23: o sinthoma.* Jorge Zahar.

# 2. A ética da psicanálise e a direção do tratamento

*Clarissa Metzger*

O que orienta, afinal, um psicanalista em seu trabalho? Como saber onde e quando intervir, para que direção encaminhar uma análise? A ética da psicanálise vem justamente responder a questões como essas.

A ideia de ética remonta à filosofia e a autores consagrados desse campo do conhecimento, como Aristóteles na Antiguidade e Kant no século XVIII. A ética, para a filosofia, é articulada à moral e ambas dizem respeito aos hábitos e costumes do homem. Para Aristóteles, não há distinção entre ética e moral, enquanto para Kant a moral se refere à esfera pública, enquanto a ética está ligada ao campo privado. Em ambos os casos, a discussão sobre ética e moral visa encontrar parâmetros claros para definir o que é certo, bom e justo a partir de critérios universais.

O psicanalista francês Jacques Lacan se aproxima da discussão sobre a ética e a moral pela necessidade de estabelecer um norteador, uma medida da ação do analista que oriente seu trabalho e a direção do tratamento. É nesse sentido que ele propõe uma ética própria à psicanálise: "Se há uma ética da psicanálise – a questão se coloca –, é na medida em que, de alguma maneira, por menos que seja, a análise fornece algo que se coloca como medida de nossa ação – ou simplesmente pretende isso" (Lacan, 1959-1960/1997, p. 374).

Contudo, a ética da psicanálise não pode ser idêntica à ética tal como abordada pela filosofia, sob o risco de transformar a psicanálise em uma teoria moralizante, já que toda a discussão filosófica em torno da temática da ética e da moral implica o estabelecimento de um ideal universal a ser buscado por todos. Assim, Lacan opera uma separação entre ética e moral e propõe para o psicanalista o que chama de ética do desejo, que nada deve à moral.

Diferentemente do que encontramos na tradição filosófica, Lacan coloca como central na ética da psicanálise *das Ding*, a Coisa. Termo extraído da obra freudiana, trata-se de uma referência ao objeto mítico perdido. Ou seja, no centro da ética da psicanálise, como medida da ação do analista, está um objeto perdido, negativizado, elemento da ordem do real, um dos registros psíquicos proposto na tópica lacaniana. Essa estratégia lacaniana relativa à ética parte da premissa de apontar a existência de um lugar vazio, ali onde se poderia colocar algum objeto ou ideal como forma de tamponamento de uma certa indeterminação do desejo humano.

De modo sucinto, Lacan define o real como aquilo que não cessa de não se inscrever, ou seja, o registro psíquico ligado à pulsão, mais especificamente aquilo da pulsão que escapa à possibilidade de representação. Nesse sentido, em uma aproximação com a teoria freudiana, podemos dizer que o real é da ordem da satisfação da pulsão de morte. Na acepção lacaniana, portanto, a ética da psicanálise implica a pulsão de morte enquanto vontade de recomeço, o que remete ao próprio estatuto do desejo, definido como movimento, deslizamento metonímico, desejo de outra coisa. Em suma, podemos dizer, *grosso modo*, que Lacan mira a pulsão e o desejo com sua proposta de uma ética da psicanálise. Na neurose, por exemplo, é comum encontrarmos uma paralisia do desejo. O que a psicanálise lacaniana propõe é um tratamento através do desejo; ali onde o sujeito se encontra fixado, paralisado, e a escuta do desejo, a orientação ética em direção ao desejo inconsciente pode reinstaurar o movimento.

Outra diferença da ética da psicanálise proposta por Lacan em relação à tradição filosófica diz respeito à singularidade. Enquanto a filosofia toma como parâmetro a universalidade de critérios para julgar o ético e o moral, a psicanálise lacaniana está referida à singularidade, uma vez que o desejo é sempre singular. Ou seja, não se trata na psicanálise de estabelecer um padrão universal de conduta, mas de situar o singular do desejo em cada caso. É importante notar que não se trata de um relativismo na ética da psicanálise; trata-se outrossim de situar o desejo inconsciente.

Em termos clínicos, a ética da psicanálise se apresenta como parâmetro justamente evitando que o psicanalista opere qualquer tipo de julgamento moral do que o analisante lhe traz no contexto analítico. Em vez disso, ele busca localizar aquilo que na fala e na linguagem do analisante remete ao desejo inconsciente, de modo a evidenciá-lo para o analisante. É importante notar que a ética da psicanálise objetiva que o analisante possa falar (e se escutar) sobre aquilo que diz respeito a seu desejo inconsciente, o que é diferente de incitá-lo a realizar o desejo. Em uma análise não se trata de definir o que o analisante deve *fazer* ou não; se estamos orientados pela ética do desejo, o que está em jogo é que o sujeito possa *saber* algo sobre seu desejo inconsciente – saber diferente de um saber oriundo da racionalidade cartesiana.

Tomemos um exemplo clínico. Um analisante casado conta ao analista que tem um caso extraconjugal. Esse analisante se apaixonou pela amante, mas não consegue se decidir sobre se separar ou não da esposa para ficar com a amante. Não cabe ao analista julgar moralmente a atitude do analisante (é errado trair a esposa, por exemplo), menos ainda empatizar e apoiar o analisante, mas situá-lo em relação a seu próprio desejo – o que também não significa "autorizar" o analisante a tomar qualquer decisão: não cabe ao analista dirigir o analisante, mas o tratamento. Por meio de suas intervenções, o analista permite que o analisante se esclareça em relação ao móbil de sua ação, naquilo que tange ao seu desejo, seja na relação com a esposa, seja na relação com a amante ou com outros objetos e elementos de sua vida. Opera-se assim uma separação entre os ideais que sustentam a fantasia e o desejo, o que significa diferenciar o que conhecemos como *vontade* daquilo que chamamos em psicanálise de *desejo*. Enquanto a primeira é ligada à demanda e à consciência até certo ponto, o desejo é inconsciente. Digamos que a pergunta que subjaz à intervenção do analista é: que desejo está em jogo nessa montagem pulsional, que inclui nesse caso esses dois objetos, a esposa e a amante? Que lugar cada uma delas ocupa na fantasia inconsciente, e que desejo ou ideal o investimento pulsional em cada uma delas sustenta?

Para finalizar, um último exemplo. Uma jovem se apresenta à análise com a queixa de não estar conseguindo estudar. Tratava-se de um sujeito que havia entrado em uma excelente faculdade de Direito, profissão muito valorizada pela família. Após perder algumas aulas por conta de uma viagem, essa analisante não conseguiu mais recuperar o conteúdo perdido e se viu paralisada, sem conseguir seguir os estudos. A análise, operada desde a ética do desejo, permitiu a ela, após algumas voltas, formular que na realidade não desejava ser advogada; sempre ocupara a posição da "filha perfeita", aquela que atendia às expectativas familiares, diferente dos irmãos que eram rebeldes. "Fazer Direito" era o que se esperava dela – e era o que ela esperava de si mesma. Após algum tempo de análise, formulou o desejo de fazer um curso totalmente diferente, ligado a um assunto que sempre fora para ela apenas um *hobby*, pois não era "uma profissão séria". Por fim, decidiu abandonar o Direito e começar uma nova graduação, apesar de se afastar assim dos ideais familiares e dos seus próprios. Dessa forma, foi capaz de sair da paralisia e retomar os estudos por uma nova via, a partir de um movimento impulsionado pelo desejo, e não pelos ideais, o que também teve efeitos em outras esferas de sua vida.

## *Referências e indicações de leitura*

Lacan, J. (1958/1998). A direção do tratamento e os princípios de seu poder. In J. Lacan, *Escritos* (pp. 591-652). Zahar.

Lacan, J. (1959-1960/1997). *O Seminário, livro 7: a ética da psicanálise*. Jorge Zahar.

# 3. O imaginário e o eu

*Hélio Cardoso de Miranda Júnior*

O imaginário é muito importante no percurso lacaniano, pois foi a partir das questões relacionadas a esse conceito que Lacan pôde iniciar o que ele próprio chamou de "retorno" à obra de Freud e enfatizar nela a radicalidade da definição de inconsciente. Ao longo de sua obra, Lacan articulará o imaginário com outros dois registros: o simbólico e o real.

Fundamentalmente, o imaginário se refere ao campo das imagens, das ilusões, daquilo que se relaciona às aparências, e tem valor essencial na constituição do eu, o que se liga diretamente à relação com o semelhante e à identificação.

O primeiro texto que marca de forma relevante o imaginário em Lacan (1949/1998) é o que trata do que ele chamou de o "estádio do espelho". Nele, com o auxílio dos estudos de H. Wallon (experiência do espelho) e de L. Bolk (prematuração humana), Lacan retomou as elaborações freudianas sobre o narcisismo e propôs que a constituição do "eu" se dá pela apreensão, entre seis e dezoito meses de idade, de uma imagem que o indivíduo reconhece como sendo ele próprio. Frente a um espelho, a criança brinca e se interessa pela imagem que diz respeito a si mesma e que é, ao mesmo tempo, semelhante às outras crianças e adultos. Segundo Lacan, o ser humano nasce prematuro, pois tem ainda estruturas – biológicas, inclusive – a serem desenvolvidas em sua forma final. Essa neotenia, que implica uma vivência fragmentada do corpo, conflui, num certo momento, para a apreensão de uma imagem unificada, permitindo um certo domínio do corpo que favorece a coordenação motora e a constituição de uma identidade. Por isso, o corpo tem uma dimensão imaginária importante.

No estádio do espelho, a criança se regozija ao reconhecer a imagem que, estando fora – como um outro indivíduo –, diz respeito a si mesma. Esse reconhecimento, porém, passa também pela confirmação do adulto, que sinaliza para a criança, por meio da linguagem (do significante), que aquela imagem indica um sujeito inserido na rede simbólica pela qual ele se enlaça aos outros com quem convive. Por isso, diferente dos animais, o ser falante tem uma relação específica com a imagem, pois ela é mediada pelo significante. Portanto, o imaginário só pode ter consistência em uma estrutura que é simbólica *a priori*. É por meio do significante que a imagem que afeta o sujeito ganha significado.

Evidentemente, não é necessário um espelho real para a vivência dessa experiência, pois o espelho que nos forma é o Outro encarnado naqueles que nos cuidam e que dirigem a nós seu olhar, suas palavras, seu toque, seu cuidado. Assim, se por um lado a experiência do espelho coloca em jogo a dimensão narcísica do eu, por outro, ela está intrinsecamente ligada à alteridade.

Por isso, uma dimensão importante a destacar é que essa imagem é alienante, quer dizer, a capacidade do indivíduo de dizer "eu" vem da captura de uma imagem que lhe é alheia e, nesse sentido, fonte de engano, de ilusão. Dessa forma, por um lado, a imagem do eu fornece à criança a noção de permanência e identidade no tempo, permitindo a ela organizar a realidade; por outro, é um eu alienante, que elide o desamparo original e afasta o sujeito do conhecimento de seu desejo (Ogilvie, 1991). Para o próprio Freud, o "eu" é o agente da defesa, do recalque.

O imaginário serve, na sua articulação com o simbólico, para eleger os objetos do desejo e, por isso, tem relação também com a agressividade, pois o semelhante, no qual o sujeito reconhece os traços com os quais se identifica, também é o rival com o qual disputa o objeto do desejo.

Uma descrição que Lacan (1948/1998) recupera de Agostinho dá a dimensão das questões vinculadas à imagem e à estrutura simbólica: uma criança observa o irmãozinho recém-chegado sendo amamentado no colo da mãe – rivalidade e agressividade (imaginárias) freadas pela lei e pelos ideais simbólicos que se articulam ao perigo do desamparo representado pela perda do amor dos pais caso o sujeito tente eliminar ou agredir seu rival. Assim, nossa convivência cotidiana se baseia na relação imaginária estabelecida com os outros "eus" que reconhecemos como semelhantes, com os quais nos identificamos e, em certos momentos, rivalizamos.

Por ser fundamental na relação com o outro/semelhante, o imaginário é a dimensão da construção do sentido, do significado, que implica também a relação com o Outro (a ordem simbólica). Dessa forma, é uma dimensão importante do mal-estar presente no sintoma, pois o sofrimento e a fixação pulsional em determinadas formas de repetição dizem respeito às interpretações (inconscientes) do significado da relação do sujeito com o Outro: o que sou para o Outro, o que o Outro quer de mim e o que posso oferecer a ele.

Por isso, a clínica lacaniana, sobretudo nos atendimentos iniciais, procura colocar em questão os significados que o analisando constrói na sua vida relacional. O caráter imaginário desses significados – que Lacan chamou de "inércia" – pode ser fonte de sofrimento. Colocar em questão a forma como o sujeito interpretou o que o Outro demanda dele é, de certa forma, fazer vacilar o imaginário – e, portanto, as certezas subjetivas do eu – para que outros sentidos possam surgir, possibilitados pela incompletude da estrutura simbólica implícita na falta de sentido que o equívoco significante e o desejo inconsciente revelam.

Vamos a um fragmento clínico. Um homem, nas primeiras sessões, trazia sempre um papel no qual estava anotado o que ele considerava o mais importante a ser dito e que não poderia ser esquecido. Comumente, nesse material estavam respostas a intervenções do analista na sessão anterior. O sujeito, nesse procedimento sistemático, tinha como intenção ser "compreendido plenamente" pelo analista. Não deveria, segundo ele, haver mal-entendidos. Do ponto de vista analítico, era uma estratégia imaginária para lidar com a angústia da ausência estrutural do significado – cujo fundamento é a falta, a castração – buscando um sentido definitivamente estabelecido, como se pudesse haver uma equivalência direta entre o que um sujeito diz e o que o outro entende. Ele queria controlar a comunicação, como se o significado pudesse ser fixado imaginariamente e evitasse o equívoco, a falta simbólica. Ao analista coube intervir a fim de indicar a impossibilidade de se fazer plenamente compreendido. A partir daí o sujeito pôde caminhar na direção da associação livre e, assim, possibilitar os equívocos de linguagem que dão abertura ao desejo inconsciente.

É preciso, contudo, indicar que, diferentemente do exemplo citado, na estrutura psicótica a dimensão do imaginário é preponderante, já que falha o recurso ao simbólico em virtude da não inscrição do significante fundamental nome-do-pai. Na psicose, é preciso acompanhar o paciente em sua construção delirante (metáfora delirante), processo no qual a relação analítica deve ser manejada com cuidado, pois, na condução do tratamento da psicose, o psicanalista precisará manejar a prevalência do campo imaginário.

Na última fase de seu ensino, Lacan retomará as articulações entre o imaginário, o simbólico e o real em trabalhos elaborados por meio da lógica dos nós borromeanos.

## *Referências e indicações de leitura*

Lacan, J. (1948/1998). A agressividade em psicanálise. In J. Lacan, *Escritos* (pp. 104-126). Jorge Zahar.

Lacan, J. (1949/1998). O estádio do espelho como formador da função do eu. In J. Lacan, *Escritos* (pp. 96-103). Jorge Zahar.

Lacan, J. (1953-1954/1979). *O Seminário, livro 1: os escritos técnicos de Freud*. Jorge Zahar.

Lacan, J. (1954-1955/1987). *O Seminário, livro 2: o eu na teoria de Freud e na técnica da psicanálise*. Jorge Zahar.

Ogilvie, B. (1991). *Lacan: a formação do conceito de sujeito (1932-1949)*. Jorge Zahar.

# 4. Sujeito é o nome do efeito de divisão que marca os falantes

*Laerte de Paula*

É de Jacques Lacan o mérito por fazer avançarem as implicações de uma teoria da linguagem e de seus efeitos sobre o falante como campo que orienta a prática do analista. Ainda que tenha se servido da produção freudiana, foi o francês quem buscou conferir ao sujeito a dignidade de um conceito que recolha as principais consequências dessa teoria.

São diversas as passagens em que esse desafio é abordado, seja ao longo de seu ensino oral (os célebres *Seminários* – 1953-1980), seja nos textos que redigiu e publicou sob a forma de *Escritos*. Ainda que aqui não examinemos de forma minuciosa as implicações históricas, vale considerar que Lacan tomou parte em um problema filosófico de mais de 2.500 anos: a questão do *hypokeimenon* para os gregos, *subjectum* para os escolásticos.

Ao introduzir o leitor não familiarizado à pertinência específica da noção de sujeito, convém aclarar por que Lacan teria situado essa ideia tão distante da coincidência com os termos indivíduo, paciente ou cidadão, e mesmo das categorias psicológicas de consciência, reflexividade e intencionalidade: é que este sujeito (*sujet*, no francês) enfatiza a própria *matéria* (*sujet*) inconsciente, evanescente, inapreensível diretamente à consciência. Também, porque essa categoria está *assujeitada* a um conjunto de leis que Lacan sustentou sob a rubrica da trama significante, o que implica uma leitura específica do próprio estatuto da linguagem e de seus efeitos sobre o falante. Ademais, porque se trata do próprio ponto sobre o qual a operação analítica incide: dar a ler (e a ouvir) os efeitos dessa matéria, localizando as condições que seriam de emergência e advento de tal sujeito.

Objeto de controvérsias e dificuldades teóricas, conviria de saída marcar o sujeito como um operador de leitura e, acima de tudo, como um efeito, um produto. Em Lacan o sujeito perde a propriedade de ente ativo, de domínio autoconsciente, de causa de sua própria vontade. Lacan (1964/1998) foi explícito ao introduzir "o peso que conferimos à linguagem como causa do sujeito" (p. 844). Ele é, portanto, causado, está assujeitado. A quê? À linguagem, à articulação significante. Lacan indicou que um sujeito não representa nada por si só, sendo apenas o suporte de uma articulação *entre* significantes, consoante à fórmula canônica: "um significante é aquilo que representa o sujeito para outro significante" (Lacan, 1960/1998, p. 833). O que implica dizer também que um sujeito está *dividido* pela linguagem, impossível de advir por inteiro na fala.

Ainda, na medida em que o inconsciente está "estruturado como uma linguagem" (Lacan, 1966/1998, p. 882), haveremos de ler esse *sujeito do inconsciente* como trama linguageira, o que implica considerar que tal sujeito não possui um corpo tridimensional, não ocupa um lugar no espaço físico, não tem idade nem é contínuo no tempo. Não pode ser sequer predicável como entidade pura, isolada, integrada, mas somente concebido como ente incorpóreo que existe enquanto jogo, mistura, indissociável do campo simbólico que

Lacan nomeou como Outro. Validar essa hipótese significa nos afastarmos da ideia de sujeito como substância perene que possuiria alguma essência transcendental ou imanente. Implica inclusive que, pelo menos no que atine à ação do analista, renunciemos à ideia de que o sujeito corresponde ao organismo biológico.

Por isso, trabalhar com a categoria de sujeito requer considerar que a intervenção incide sobre um modo de estar na linguagem e que o sofrimento abordável por uma análise, seja ele neurótico, psicótico ou perverso, está concernido pelo modo como este circuito de trocas, introduzido junto ao Outro, marcou e pode vir novamente a produzir marcas em cada um.

Lacan chegará a propor o sujeito como corte, fazendo dele mais um efeito de abertura, de descontinuidade e indeterminação, do que de cristalização e consistência. Sujeito é o nome do que divide, do que fragmenta e elide para significar, e é na própria experiência de divisão que podemos ouvir e ler esse campo.

Quando um analisante diz "Sou preguiçoso, nunca consigo terminar nada" e lhe pergunto "De onde vem este nome?", descobre-se em análise que *preguiçoso* era o nome que a avó e a mãe empregavam para nomeá-lo em casa, em distinção aos outros dois irmãos na família (que recebiam títulos mais virtuosos, como *esforçados* e *obedientes*). Que o nome *preguiçoso* tenha sido, primeiramente, recebido do Outro (figuras de referência e importância no universo afetivo deste), tal consideração recoloca a questão: não se trata, portanto, de uma condição orgânica, genética ou um simples "sou assim mesmo", mas de um modo de dar significação ao discurso recebido das figuras que foram nossas referências de amor. Assim, poder *ler* ou *ouvir* a presença do discurso do Outro no próprio discurso não deixa de ser um efeito privilegiado a se produzir no decorrer de uma análise, dando espaço à questão sobre nossa posição diante das nomeações recebidas. Onde o *eu* se acreditava preguiçoso, é possível a descoberta de que a linguagem com a qual se descreve foi recebida e tecida junto aos nomes escutados do Outro. Uma elaboração seguinte poderia ser assim construída: "Desobediente diz de quem sou ou diz de como o outro me vê?". Separação necessária, pela qual fazemos frente ao árduo esforço de questionar a suposição de que o Outro deteria todo o saber a nosso respeito. "Se não sou por inteiro tudo o que o Outro disse de mim, o que sou?". Onde essa pergunta puder aparecer, a dimensão do sujeito foi mobilizada.

Pode-se ainda recolher esse efeito de inúmeras outras formas: nos sonhos, nos lapsos e nos mal-entendidos com o outro. É o campo da fantasia que busca articular esses impasses e dar alguma sustentação ao sujeito.

Algumas conclusões podem ser extraídas daí: não é que o sujeito do inconsciente esteja concluído, como verdade acabada, somente esperando a ajuda de uma análise ou de um analista para decifrá-lo. Tal dimensão consiste precisamente nesse mecanismo que opera em ato, aparecendo nas vacilações do discurso do eu. Cabe, assim, tomar o sujeito como sede de contínuas permutações significantes, mais do que como essência que comandaria a própria vontade. Decorre disso que uma intervenção não visa dizer qual o significado derradeiro de um sujeito, mas permitir que emerja a condição de divisão pela qual, como sustentou-se aqui, um sujeito surge como *efeito de resposta*. Tal aposta está assentada na ideia de que há um saber que opera independentemente da consciência do falante.

A importância clínica da dimensão do sujeito está referida a uma das potências centrais de uma análise: permitir que algumas identificações petrificadas possam se dissolver e reabrir o falante ao deslizamento desejante. Onde o eu se esforça por "ser", através de uma coagulação de sentidos enrijecidos, – ignorando para isso a divisão que o constitui e os tropeços que denunciam sua subordinação ao inconsciente e ao Outro – a noção de sujeito vem reintroduzir o próprio fundamento desejante pelo qual, antes de desqualificar o falante, sua divisão o dignifica às experiências de laço e de invenção.

## *Referências e indicações de leitura*

Lacan, J. (1960/1998). Subversão do sujeito e dialética do desejo no inconsciente. In J. Lacan, *Escritos* (pp. 807-842). Jorge Zahar.

Lacan, J. (1964/1998). Posição do inconsciente. In J. Lacan, *Escritos* (pp. 843-864). Jorge Zahar.

Lacan, J. (1966/1998). A ciência e a verdade. In J. Lacan, *Escritos* (pp. 869-892). Jorge Zahar.

Lacan, J. (1961-1962/2021). *O Seminário, livro 9: a identificação.* Recife: Centro de Estudos Freudianos do Recife. [Publicação não comercial exclusiva para membros].

# 5. O desejo e sua interpretação: a noção de posição do sujeito na clínica das neuroses

*Lucas Simões Sessa*

No ensino de Lacan, a realidade humana é composta pela articulação entre três registros: real, simbólico e imaginário. Se o real pode ser descrito como aquilo que nos escapa, e por imaginário entendemos o campo das ilusões necessárias à construção e à sustentação de uma unidade narcísica organizadora, desde uma imagem integrada de si até as visões de mundo do indivíduo, é importante diferenciar essa produção ficcional da noção de sujeito do inconsciente, definido pelo psicanalista francês como um efeito da inscrição do ser no campo da linguagem.

A constituição do sujeito dependerá de modalidades distintas de inscrição nesse campo, fundantes de três estruturas de funcionamento psíquico: neurose, psicose e perversão, caracterizadas pela modalidade de mediação exercida pelo significante na relação do sujeito com o real. Situar a fundação do sujeito do inconsciente em seu modo de entrar na linguagem envolve considerar que opera aí uma alienação, a ser descrita como parcial. Pois, se existe angústia, é também porque a linguagem não dá conta de nomear completamente, e cada estrutura se singulariza pelo tratamento dado a este resto que a palavra não dá conta de dizer.

A mediação significante da relação do sujeito com o real na estrutura neurótica é regida pela lógica fálica, produto retroativo das operações que compõem os três tempos edípicos. Neles, o sujeito ingressará por uma certeza imaginária de ser tudo para o Outro, acreditando-se capaz de completá-lo e de formar com ele uma unidade, o que se atualiza na experiência de apaixonamento, por exemplo. A introdução de um terceiro, capaz de fazer o Outro se ausentar para o sujeito, instaura seu desamparo e introduz um enigma sobre o desejo do Outro. É este percurso edípico que fornecerá o recurso para o tratamento simbólico do desamparo pelo neurótico: o Outro se ausenta porque tem algo que ele deseja e que não sou eu. O que será? A lógica fálica é precisamente este tratamento simbólico do real, em que se percebe a presença de uma ausência e se considera a realidade como faltante, estabelecendo uma referência de como ela deveria ser para ser completa.

Por isso pensar o desejo como o desejo do desejo do Outro, e a estrutura neurótica se definir por uma pergunta sobre o que o sujeito é no desejo do Outro. O falo, enquanto objeto simbólico, é o significante que responderá essa pergunta para um determinado sujeito. Por meio da lógica falo/castração, o que seria da ordem da angústia se traduz na percepção de uma falta que, dialeticamente, pressupõe a existência da dimensão de um ideal, fornecendo ao sujeito um modelo de como ele precisaria ser para novamente ser tudo para o Outro, como acredita ter sido um dia, delimitando assim o campo do desejo na neurose.

Disso decorre a formulação lacaniana de que a angústia seria a falta da falta, e a possibilidade de entendê-la como um recurso psíquico. Dizer que o falo é um objeto simbólico na neurose implica afirmar sua propriedade singular e cambiável. O desejo na neurose é um itinerário que seria capaz de conduzir o sujeito de volta àquele estado de completude, restabelecendo sua unidade com o Outro. Mas esse estado se configura apenas como condição já perdida, por efeito da ressignificação de uma experiência anterior ao advento de um corte, operado pela entrada de um terceiro. Daí a proposição lacaniana do desejo como uma estrutura dialética que comporta um impasse lógico.

O trabalho clínico com a neurose partirá de uma leitura da queixa do paciente como sendo dialeticamente determinada pela posição fálica do sujeito do inconsciente, admitindo o desejo e a castração como o direito e o avesso de uma mesma estrutura. Quando o neurótico se queixa de que algo lhe falta, ao mesmo tempo, e sem saber, pois o desejo é sempre inconsciente, faz alusão a um ideal acerca de algo que deveria estar ali. A interpretação incidirá sobre essa dimensão do ideal e do desejo, apontando a posição do sujeito, na ordem fálica.

No intuito de elucidar as formulações esboçadas até aqui, passamos à articulação do material exposto com uma passagem clínica, a fim de ilustrar a estrutura dialética do desejo na neurose, sob a lógica falo/castração, e o trabalho interpretativo que incide sobre a posição do sujeito do inconsciente. Tomaremos como exemplo uma jovem que chegou para a análise queixando-se de sucessivas experiências de fracasso em relacionamentos amorosos, descritos como excessivamente breves, sempre marcados por interrupções abruptas e enigmáticas, desencadeando um movimento angustiado de se perguntar o que haveria de errado com ela e o que estaria faltando para que alguém enfim decidisse ficar. Sua expectativa era viver o que idealizava como um "relacionamento sério".

O trabalho clínico que antecede o corte da sessão cumpre a função de fazer surgir no discurso da analisante a posição fálica do sujeito do inconsciente. Pautado por esse propósito, passei a pedir associações acerca desse ideal de relacionamento, abrindo caminho para o relato de como acreditava serem os namoros de suas amigas, nos quais os namorados apareciam como alguém que "fazia acontecer", sem que elas precisassem fazer qualquer esforço ou lidar com frustrações. A expectativa era de alguém que se encarregasse de garantir a manutenção do relacionamento, sendo o responsável por manifestar interesse em encontrá-la, buscar saber como ela estava e procurar formas de agradá-la. Sua idealização era de um parceiro que correspondesse sempre ao que dele era esperado, sem que fosse sequer preciso dizer. Uma identificação absoluta, de gostos musicais e preferências estéticas a posicionamentos ideológicos e políticos.

Queixando-se de intensa solidão, lamentava angustiada sua condição de abandono, por permanecer à espera de alguém que a "escolhesse". No entanto, constituía traço fundamental de sua idealização acerca da experiência de ser amada que a iniciativa de buscá-la fosse do Outro, sendo que a expressão de suas próprias vontades e intenções era interpretada por ela própria como demonstrações de desespero. Eis a estrutura de impasse do desejo, em que a inscrição da falta, ou da castração, nos termos da solidão, por exemplo, aparece dialeticamente determinada pela lógica fálica da posição do sujeito do inconsciente, uma vez que qualquer movimento próprio de saída desse lugar de abandono seria tomado imaginariamente por desespero e a única alternativa a este estado, valorizada em seu ideal fálico, haveria de contar com a iniciativa do Outro, juntamente com os demais predicados de uma "alma gêmea", mencionados anteriormente.

Os termos registrados entre aspas correspondem a formulações fundamentais do ideal no discurso da paciente e cumprem aqui a função de ilustrar a discutida operação de alienação ao significante, bem como de situar a escuta do desejo como eixo balizador da clínica das neuroses, além de demonstrar o trabalho interpretativo que aponta a posição fálica do sujeito do inconsciente, determinante dialético da falta/castração, a ser marcado com o corte da sessão, visando a um efeito retroativo de esvaziamento desta alienação significante.

## *Referências e indicações de leitura*

Lacan, J. (1958-1959/2016). *O seminário, livro 6: o desejo e sua interpretação*. Zahar.

Lacan, J. (1960/1998). Subversão do sujeito e dialética do desejo no inconsciente freudiano. In J. Lacan, *Escritos* (pp. 807-842). Zahar, 1998.

Lacan, J. (2005). *Nomes-do-pai*. Zahar.

# 6. Objeto a: uma teoria dos restos

*Luiz Fernando Botto Garcia*

Tarefa inglória, mas muito prazerosa esta de falar do objeto a em tão pouco espaço. Afinal, é um conceito que perpassa praticamente toda a obra de Lacan, articulando os três registros, imaginário, simbólico e real. Comecemos por aí.

O objeto imaginário é tratado principalmente com base no estádio do espelho e no esquema óptico, apresentados nos primeiros anos dos seminários. Diz respeito à maneira como o eu desconhece sua origem alienada junto ao outro (semelhante ou imagem especular), o que faz com que esse outro seja sempre pintado a partir das cores narcísicas da identidade. Aqui, o objeto imaginário é essa relação entre um outro que perdeu seu tom de alteridade e o eu enquanto a imagem de si, construída por meio do outro. Dessa forma, quando se trata de pensar nas relações objetais eu/outro, nos objetos do mundo, na constituição da realidade, estamos falando do objeto imaginário.

Já o objeto simbólico nos conta da maneira como Lacan pensa, especialmente nos Seminários 8 e 9, o lugar do falo (na sua dialética entre objeto imaginarizado e significante) como uma espécie de objeto que pode circular, funcionando como ponto pivô para os objetos do desejo. O falo, nesse sentido de objeto simbólico, seria o objeto que organiza o mundo libidinal dos sujeitos.

Quanto ao objeto real, podemos pensá-lo como aquele que constitui a versão mais radical dos objetos, por ser exatamente a que desmonta a constituição simbólico-imaginária das construções de realidade. Trata-se de pensar o real, aqui, como aquilo que o significante e as imagens produzem como seus próprios impasses e contradições. O objeto a real, nessa lógica, não é, em minha leitura de Lacan (há outras), o corpo pensado no sentido da anterioridade da carne quanto ao significante, mas os efeitos de produção de um corpo que não encaixa a imagem de si na relação entre sujeito e Outro. Peguemos, como exemplo, a passagem em que Lacan (1954-1955/2010) trata do sonho freudiano da injeção de Irma, quando fala da carne coberta por membranas esbranquiçadas que Freud enxerga dentro da garganta de sua paciente nos seguintes termos: "a carne que jamais se vê, o fundo das coisas, o avesso da face, do rosto, os secretados por excelência, a carne da qual tudo sai, até mesmo o íntimo do mistério, a carne, dado que é sofredora, informe, que sua própria forma é algo que provoca angústia" (p. 211). Tal imagem aparece como a "revelação do real naquilo que tem de menos penetrável, real sem nenhuma mediação possível, do real derradeiro" (p. 224). Ora, longe de encontrar aí algo de um dito real enquanto carne anterior ao significante, o que temos é a carne de um sonho, uma imagem com valor de significante. Nesse sentido, podemos pensar que essa "carne" ocupa o lugar do objeto a por ter essa potência de desconfigurar a organização da imagem e do lugar do corpo.

Um fragmento de caso clínico pode ser pensado, aqui, como outro exemplo da versão real do objeto. Maria, ao reatar o relacionamento depois de uma traição por parte de João, passa a ter dificuldades em manter relações sexuais pelo fato de que sua pele se torna estranha a ela nesse momento: não produz sensação de excitação, mas cócegas – o que não era nada engraçado, mas angustiante. Pelas associações, o que se constrói em análise é que o perdão da traição de João atravessava em cheio seu lugar na fantasia. Maria se pensava como alguém admirada por sua independência, uma mulher sexualizada, autônoma. Perdoar João poderia fazer com que não mais a vissem onde ela queria ser vista. Ou seja, é toda a estrutura da fantasia que entra em jogo aqui, na tentativa neurótica de dar conta do desejo do Outro: que me queres, o que devo ser para que você, Outro, me reconheça? Nesse momento, as coordenadas em que ela se localiza fazem vacilar esse lugar. Maria procura signos que garantam essa cena que a organiza e não mais os encontra. Seu lugar simbólico-imaginário está em impasse. A questão é pensar que é isso que faz com que o corpo passe a produzir esse estranhamento no toque. Não existe nada de natural nas cócegas. Ao contrário, elas são efeitos desse impasse estrutural onde ela se localiza frente ao desejo do Outro, o que faz com que o corpo que ela experimente dessa forma diga dessa desordem da fantasia. A pele atua, nesse sentido, como objeto a em sua versão real por ser isso que desmonta a imagem de si, que desfaz o lugar do sujeito na fantasia, produzindo um corpo disforme e estranho.

Entre os Seminários 10 e 11, Lacan pensará os objetos parciais (oral, anal, fálico, escópico e invocante) de modo a alterná-los (com exceção do fálico, que funciona, como vimos, como simbólico) entre o objeto imaginário e o objeto real na relação com o corpo.[1] Como

---

[1] Como se trata de uma introdução, me detenho aqui até os meados da década de 1960 no pensamento lacaniano. A relação entre o objeto a, nessa versão real, e o corpo será bastante próxima até o Seminário 13. A partir do 14, Lacan já afirma que o objeto não necessariamente dirá do corpo. Nesse sentido, o objeto a começará a ser trabalhado cada vez mais de maneira lógica, enquanto operador de um resto, que estruturalmente impede que exista um Outro completo.

exemplo, podemos ler no Seminário 10 que, quanto ao objeto escópico, num primeiro momento, é do olho que se trata: o olho que aparece no branco dos olhos do cego (Lacan, 1962-1963/2005, p. 277), ou de Édipo, que, mesmo tendo arrancado seus próprios olhos, "no entanto, não deixa de vê-los, de vê-los como tais, como o objeto-causa enfim desvelado da concupiscência derradeira" (p. 180). Porém, no Seminário 11, Lacan (1964/2008) pensará outras formas de trabalhar o olhar como objeto real. Pois, no campo escópico, tomado aqui na relação com a arte,

> *O olhar está do lado de fora, sou olhado, quer dizer, sou quadro. É aí que está a função que se encontra no mais íntimo da instituição do sujeito no visível. O que me determina fundamentalmente no visível é o olhar que está do lado de fora. É pelo olhar que entro na luz, e é do olhar que recebo seu efeito. Donde se tira que o olhar é instrumento pelo qual a luz se encarna, e pelo qual... sou foto-grafado (p. 107).*

Ou seja: o olhar está muito mais do lado das coisas do que do sujeito. Ele é esse resto da visão que não se deixa apreender pela imagem e que faz com que não haja, nunca, correspondência plena entre o olho e o olhar: "jamais me olhas lá de onde te vejo. Inversamente, o que eu olho não é jamais o que quero ver... Triunfo, sobre o olho, do olhar" (Lacan, 1964/2008, p. 104).

A questão clínica que se coloca aqui é pensar que é esse resto o que se tenderia a jogar fora: causador da angústia, o que não completa no estranhamento, o que desfaz a especularidade. Porém, é exatamente esse resto o que relaciona objeto e desejo, na função de objeto causa do desejo: "é justamente esse dejeto, essa queda, o que resiste à 'significantização', que vem se mostrar constitutivo do fundamento como tal do sujeito desejante" (Lacan, 1964/2008, p. 193). Um resto que é o mais singular do sujeito.

## *Referências e indicações de leitura*

Garcia, L. F. B. (2021). *Despertar do real: a invenção lacaniana do objeto a*. Zagodoni.

Lacan, J. (1954-1955/2010). *O Seminário, livro 2: o eu na teoria de Freud e na técnica da psicanálise*. Zahar.

Lacan, J. (1962-1963/2005). *O Seminário, livro 10: a angústia*. Zahar.

Lacan, J. (1964/2008). *O Seminário, livro 11: os quatro conceitos fundamentais da psicanálise*. Zahar.

Le Gaufey, G. (2012). *L'objet a: approches de l'invention de Lacan*. Epel.

Vieira, M. A. (2008). *Restos: uma introdução lacaniana ao objeto da psicanálise*. Contra Capa.

# 7. A foraclusão como um mecanismo da psicose

*Marina Dias Bianco*

A foraclusão é uma construção teórica desenvolvida por Jacques Lacan para explicar o mecanismo psíquico que está na base das psicoses e que, portanto, nos auxilia ainda a esclarecer alguns distúrbios episódicos presentes nesse tipo clínico, como o delírio, a alucinação e até mesmo algumas doenças psicossomáticas. O termo foi utilizado pelo autor pela primeira vez em julho de 1956, na última sessão de seu seminário dedicado às psicoses, Seminário 3, no qual podemos acompanhar os passos dados por ele até que o conceito se formasse.

A princípio, a palavra em francês *forclusion* foi escolhida por Lacan para substituir a expressão Freudiana *Verwerfung*, que era utilizada para determinar uma espécie de barreira, de rejeição. É então pela releitura que faz do artigo de Freud (1918[1914]/2010) sobre o Homem dos Lobos que Lacan fundamenta o conceito de foraclusão. Nota-se que a substituição do termo não se trata apenas de uma tradução, mas da criação de uma nova noção inexistente em Freud, pois, apesar de ter sido uma palavra utilizada frequentemente por ele, *Verwerfung* até então não delimitava exatamente um conceito, tampouco um mecanismo específico de funcionamento do inconsciente no que diz respeito à formação da psicose, ganhando esse *status* apenas com Lacan.

É sabido que, para a psicanálise freudiana, as diferentes estruturas psíquicas estão intimamente ligadas a diferentes e específicas formas de defesa do eu, mas, levando em conta a totalidade dos casos, quer se trate de neuroses ou de psicoses, podemos dizer sobre uma incapacidade do eu de se defender completamente do perigo do qual está diante e que o ameaça, o perigo de uma representação psíquica insuportável. E que assim o é "porque diz respeito a um fragmento de realidade excessivamente investido, ligado à experiência da castração" (Nasio, 2017, p. 174).

Quando aborda esse tema no artigo do Homem dos Lobos, Freud (1918[1914]/2010) depara com uma intensa recusa do psiquismo de seu analisando a entrar em contato com essa representação psíquica. Nada indica que ele tenha recalcado o conteúdo ligado à experiência da castração, como se dá nas neuroses, mas é como se nunca tivesse sequer o reconhecido, como se nada quisesse saber sobre isso, mesmo no sentido do recalque. Lacan pressupõe a partir daí que estejamos observando um outro mecanismo psíquico, a foraclusão.

A origem desse termo, na língua francesa, se encontra na esfera jurídica e se refere à impossibilidade do uso de um direito que, por não ter sido evocado dentro do prazo estipulado, perdeu sua validade. Dessa forma, "A possibilidade de uso de um direito prescreveu, e o fato sobre o qual o direito recairia não poderá mais ser analisado e julgado perante a lei, o que quer dizer que o direito de chamar uma lei à ação foi foracluído" (Barbosa, 2019, p. 59).

Aquilo que é foracluído, na concepção Lacaniana, é algo que ficou excluído do mundo psíquico do sujeito, algo que não pôde ser simbolizado e que jamais poderá sê-lo. É, portanto, aquilo que não pôde entrar no regime do recalque. A foraclusão marca então essa relação de abolição completa da experiência da castração. Uma abolição tão nítida e enérgica que se pode deduzir que o sujeito psicótico nunca experimentou a dor da castração, nunca foi tocado por ela. Ainda que o fantasma da castração exista, ela não foi simbolizada, tampouco recalcada no inconsciente. A criança que futuramente se tornará psicótica não vivencia sequer o mito da universalidade do pênis e em sequência o temor da castração. "A cristalização da psicose, sua instalação, é a maneira pela qual o paciente se protege contra a volta dessa situação" (Checchinato, Sobrinho, Steffen, & Souza Filho, 1985, p. 111).

A foraclusão como mecanismo da psicose envolve a rejeição radical de um elemento específico da ordem simbólica, ou seja, da linguagem. Elemento esse que, de certa forma, ancora a ordem simbólica do sujeito como um todo. Assim, quando esse elemento é foracluído, toda a ordem simbólica é abalada. Esse elemento, nos diz Lacan, é o significante do nome-do-pai, que "designa a função paterna tal como é internalizada e assumida pela própria criança" (Nasio, 2017, p. 184). O nome-do-pai não é simplesmente um lugar concreto que pode ou não ser ocupado pela figura de carne e osso do pai, mas um lugar simbólico, que representa uma instância terceira, da lei e da proibição do incesto.

A função paterna é representada por aquele que impede, proíbe, frustra e protege, podendo existir ainda que o pai não esteja presente, sendo evocada, por exemplo, pelo discurso da mãe. O psiquismo, uma vez que exclui de sua ordem simbólica o significante do nome-do-pai, o reencontra por meio do retorno alucinatório. Isto é, aquilo que foi foracluído retorna sob forma alucinatória no real do sujeito. A partir do vazio deixado pela exclusão de tal significante, ergue-se a construção de uma nova realidade que substitui a realidade perdida. Dado que o eu se desprende dessa representação e esta é inseparavelmente ligada a um fragmento da realidade, o eu aparta-se também, de forma parcial ou total, da realidade.

Uma das principais obras cinematográficas dos anos 1960, *Psicose*, dirigida por Alfred Hitchcock, ilustra a relação entre uma mãe e um filho – Norma e Norman – e nos leva a conhecer o funcionamento da estrutura psíquica psicótica desse filho, desde sua incapacidade de se entender como um adulto completo e separado de sua mãe até os delírios e as alucinações que o impedem de entrar em contato com a ameaça da separação. Desta relação simbiótica, pode-se dizer que os dois nunca abandonaram a ilusão de serem um – o que é presente até mesmo na semelhança entre seus nomes –, a qual não deixa de existir mesmo após o falecimento de Norma.

A psicose de Norman fica nítida à medida que se revelam a noção distorcida que ele possui sobre a realidade que o cerca, e a falta de percepção sobre a existência do outro, visto que ele nunca chegou a desenvolver consciência de sua própria identidade e de seus próprios limites enquanto sujeito. Essa problemática nos conta sobre as consequências da foraclusão do significante do nome-do-pai, que poderia ter estado presente ainda que a figura paterna não o estivesse de fato. A não simbolização da castração no psiquismo de Norman aparece ao longo da obra por meio do retorno alucinatório, que o leva até mesmo a cometer assassinatos sob a falsa percepção de que quem os cometeu foi a mãe.

## *Referências e indicações de leitura*

Barbosa, K. (2019). De *Verwerfung* em Freud à foraclusão em Lacan. *Reverso*, *41*(77), 57-64.

Checchinato, D., Sobrinho, O. R., Steffen, R., & Souza, A. A. (1985). *A clínica da psicose*. Papirus.

Freud, S. (1918[1914]/2010). História de uma neurose infantil ("O homem dos lobos"). In S. Freud, *Obras Completas* (Vol. 14, pp. 13-160). Companhia das Letras.

Hitchcock, A. (Diretor e produtor). (1960). *Psicose* [DVD]. Paramount Pictures.

Lacan, J. (1955-1956/2010). *O Seminário, livro 3: as psicoses*. Zahar.

Nasio, J. D. (2017). *Lições sobre os 7 conceitos cruciais da psicanálise*. Zahar.

# 8. O significante e o inconsciente estruturado como linguagem

*Hélio Cardoso de Miranda Júnior*

Desde que Freud criou a psicanálise, ele esteve sempre muito atento à fala e aos fenômenos de linguagem de seus pacientes, como os atos falhos, os chistes e a narrativa dos sonhos e das lembranças. Mesmo com as mudanças teóricas ao longo do tempo, a regra da associação livre e a relevância dos sons que compõem as palavras durante a fala dos pacientes em análise permaneceram fundamentais para Freud.

Lacan procurou destacar essa importância ao realizar o que chamou de "retorno a Freud". Tendo os textos de Freud como referências fundamentais, ele buscou diálogo teórico com outros campos de conhecimento.

Para construir o conceito de significante em psicanálise, Lacan utilizou as ideias do linguista Saussure (1916/2006), que entende a linguagem como sistema no qual cada signo linguístico seria composto pela associação arbitrária entre a imagem acústica da palavra (os fonemas que a compõem, ou seja, o significante) e o conceito (ou ideia) relacionado a esta imagem, o significado.

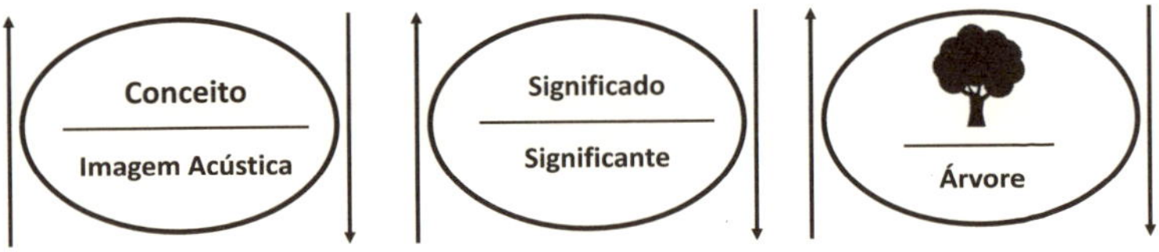


As setas na figura indicam que, para Saussure, esses dois elementos estão intimamente relacionados um com o outro, um leva ao outro. Lacan inverteu essa representação de Saussure e colocou a imagem acústica acima e o significado abaixo.

$$\frac{\textbf{Significante}}{\textbf{significado}} \quad \text{representado sinteticamente como} \quad \frac{\textbf{S}}{\textbf{s}}$$

Lacan inseriu ainda outra modificação: o significado só pode ser produzido pela articulação entre os significantes, pois não existe um significado em si, ele é sempre produto do encadeamento dos significantes na linguagem. O significado é efeito, então, da articulação entre os significantes, que não têm significado sozinhos.

$$\frac{\textbf{S}}{\textbf{s - s - s ...}}$$

Com isso, Lacan deu primazia ao significante (a palavra em sua materialidade) em relação ao significado (o efeito do encadeamento significante). Quando uma pessoa fala, ela exerce uma atividade mental de seleção e articulação de palavras endereçadas a um outro, com o qual ela fala, que de alguma forma é atravessada pelo inconsciente em função das questões de cada um – inscritas como significantes – em relação ao desejo e, por consequência, à interpretação sobre o significado da relação com o outro. Isso se torna explícito nos lapsos de linguagem e nas associações feitas pelos pacientes nas narrativas de sonhos e lembranças, nos quais a materialidade das palavras – os fonemas que as compõem acompanhados do tom e da pontuação – se mostra crucial para a associação livre e o surgimento do desejo inconsciente envolvido em queixas, decisões e atos praticados pelo paciente.

A linguagem é uma alteridade (Outro) que nos marca desde o nascimento na relação com o outro humano que nos cuida e na qual nos localizamos como sujeitos representados por significantes (nome próprio, ascendência, sexo) dos quais precisamos nos apropriar para indicar nossa demanda, ou seja, aquilo que endereçamos aos outros como pedido ou expectativa, e interpretar a demanda do outro endereçada a nós.

O significante, então, é o que, derivado da estrutura da linguagem e de suas leis de articulação, está relacionado às marcas pulsionais que inscrevem a linguagem no corpo, demarcando a ausência do objeto pulsional e, assim, inserindo esse corpo na ordem simbólica que organiza as interações humanas. É isso que cria a possibilidade do significado e produz o corpo libidinal. Daí a tese lacaniana de que "o inconsciente é estruturado **como** uma linguagem" (Lacan, 1972-1973/1992, p. 25).

O sujeito do desejo (sujeito do inconsciente) é tanto o efeito desta inscrição significante quanto o suporte dela. Essa é outra das teses fundamentais de Lacan: "o significante é o que representa o sujeito para outro significante" (Lacan, 1964-1965/2008, p. 194). Isso quer dizer, entre outras coisas, que o sujeito é diferente do "eu".

A seguir temos alguns exemplos em fragmentos clínicos.

Um paciente dizia que tinha dificuldade para lidar com um dos seus colegas de trabalho, mas não conseguia compreender a razão. Certo dia, quando esse colega foi ao setor em que o paciente trabalhava, cumprimentou a todos individualmente com um aperto de mão.

Ao relatar isso, o paciente disse: "quando ele veio me cumprimentar, fiquei hesitado". Em seguida, ele se corrige dizendo que *hesitou* no momento do cumprimento. As associações deste jovem, frente ao destaque que o psicanalista deu à expressão "ficar hesitado", levaram a qualidades que ele atribuía ao colega – como autoridade, firmeza nas decisões, boa aparência e competência –, ou seja, a uma idealização, o que se relacionava com outra palavra quase implícita no ato falho, *excitado*, e que dizia respeito às questões sexuais do paciente.

Uma paciente valorizava sobremaneira a imagem de "ser honesta" em suas relações pessoais e profissionais. Porém, muitas vezes cometia excessos, pois situações nas quais isso parecia questionado a irritavam profundamente e sua reação, mesmo com pessoas afetivamente importantes, era, por vezes, desagradável. Em certo momento da análise, esta mulher se lembra de uma cena infantil na qual ela, inocentemente brincando, inventou uma anedota sobre sua prima. A situação, porém, foi entendida pelos adultos como uma mentira intencional para depreciar a prima. A mãe a chamou de "desonesta", sem que ela, naquele tempo, entendesse plenamente o significado dessa palavra. Isso se associou então a uma lembrança de sua adolescência, quando ouviu o pai dizer, em tom depreciativo, que havia "mulheres desonestas", expressão que continha um caráter sexual implícito. Assim, a intensidade vivida nas relações pessoais indicava sua tentativa angustiante de ter certeza de ocupar o lugar da "mulher honesta", significante que localizava, num certo sentido, um ideal materno e, em outro, um ideal paterno.

Esses exemplos mostram a materialidade dos significantes que carreiam o desejo inconsciente na articulação que acontece, nestes casos, entre a sonoridade fonética e a repetição de uma questão sobre o desejo e o amor. É por isso que a associação livre é a regra fundamental do método analítico. Muitos outros exemplos podem ser encontrados nos livros de Freud. Dentre os exemplos mais comentados, podemos destacar o esquecimento do nome "Signorelli" e o esquecimento da palavra "aliquis" (Freud, 1901/1996, pp. 19-30) e o chiste com a expressão "familionário" (Freud, 1905/1996, pp. 29-33).

Por fim, é interessante lembrar que, para Lacan, o falo, como valor atribuído à diferença sexual, também é um significante e tem papel relevante na definição das posições sexuais (identificação e escolha de objeto). Nos últimos anos de seu ensino, no percurso da articulação entre significante e gozo, afirmou que é a inscrição do significante no corpo que instaura o gozo.

## *Referências e indicações de leitura*

Freud, S. (1901/1996). A psicopatologia da vida cotidiana. In S. Freud, *Edição Standard Brasileira das Obras Psicológicas Completas de Sigmund Freud* (Vol. VI). Imago.

Freud, S. (1905/1996). Os chistes e sua relação com o inconsciente. In S. Freud, *Edição Standard Brasileira das Obras Psicológicas Completas de Sigmund Freud* (Vol. VIII). Imago.

Lacan, J. (1953/1998). Função e campo da fala e da linguagem em psicanálise. In J. Lacan, *Escritos* (pp. 238-324). Jorge Zahar.

Lacan, J. (1955-1956/1985). *O Seminário, livro 3: as psicoses.* Jorge Zahar.

Lacan, J. (1960/1998). Subversão do sujeito e dialética do desejo no inconsciente freudiano. In J. Lacan, *Escritos* (pp. 807-842). Jorge Zahar.

Lacan, J. (1972-1973/1992). *O Seminário, livro 20: mais ainda*. Jorge Zahar.

Lacan, J. (1964-1965/2008). *O seminário, livro 11: os quatros conceitos fundamentais da psicanálise*. Jorge Zahar.

Saussure, F. (1916/2006). *Curso de Linguística Geral*. Cultrix.

# ERIK ERIKSON (1902-1994)

# 9. Confiar ou não confiar: a desesperança na clínica eriksoniana

*Marcos Roberto Fanton*

Em sua teoria do desenvolvimento psicossocial, Erik Erikson considera três fatores na constituição do ser humano: soma (corpo), psique (os processos mentais que organizam as experiências) e ethos (a cultura e a influência das relações interpessoais). Erikson (1968) procura descrever as "experiências iniciais que facilitam ou põem em perigo a identidade futura" (p. 105), analisando como as capacidades do indivíduo em desenvolvimento interagem com seu meio.

Esse processo é detalhado nos oito estágios, ou oito idades, elaborados pelo autor (Erikson, 1950). Em cada estágio, Erikson aponta uma crise central a ser resolvida. Essas crises resultam do desequilíbrio causado pelas forças e potencialidades ego-sintônicas em polaridade com as fraquezas e potencialidades ego-distônicas. O avanço para um estágio seguinte ocorre a partir da adequada aquisição da força no estágio precedente, que, por sua vez, se dá pela boa resolução da crise.

Os oito estágios propostos por Erikson são: (1) confiança *vs.* desconfiança básica (do nascimento aos 18 meses), (2) autonomia *vs.* vergonha e dúvida (dos 18 meses aos 4 anos), (3) iniciativa *vs.*

culpa (dos 4 aos 6 anos), (4) construtividade *vs.* inferioridade (dos 6 aos 12 anos), (5) identidade *vs.* confusão (dos 12 aos 25 anos), (6) intimidade *vs.* isolamento (dos 25 aos 40 anos), (7) produtividade *vs.* estagnação (dos 40 aos 65 anos) e (8) integridade *vs.* desespero (dos 65 anos até a morte).

Cada estágio também é subdividido em seis facetas que, juntas, capturam a essência de cada momento do desenvolvimento. Estas facetas são: (1) a "amplitude de relações significativas", que caracteriza a passagem de círculos sociais menos complexos para mais complexos, desde a relação com os pais até a vida em sociedade e a participação no mundo; (2) as "forças do ego", que auxiliam na resolução da crise de determinado estágio; (3) a "psicopatologia" resultante da má resolução da crise; (4) o "princípio de ordem social", que caracteriza a forma como o indivíduo percebe o mundo; (5) a "ritualização", que se caracteriza pelo uso de comportamentos ou formas de interação específicas do estágio que ocorrem de forma repetida; e (6) o "ritualismo", que se contrapõe à ritualização no sentido de que é uma repetição estereotipada de comportamentos, sem que estes digam respeito ao estado de integração de determinado valor à personalidade do indivíduo.

Dentre esses estágios, se destaca o primeiro deles. Tendo como ponto central o sentimento de confiança, esse estágio constitui a base para o desenvolvimento emocional saudável. A mãe, ou o ambiente, cria um sentimento de confiança no bebê ao cuidar dele de forma sensível às suas necessidades e ao manter um comportamento constante de acordo com o que sua cultura preconiza.

Erikson (1950) aponta que a facilidade com a qual o bebê aceita ser alimentado, a qualidade do sono e o relaxamento intestinal são os primeiros sinais de que a confiança básica está estabelecida.

Uma quebra da confiança pode ocorrer, por exemplo, pela retirada súbita do amor materno sem a adequada substituição por outra figura. Esta perda deixaria no indivíduo, mesmo na vida adulta, a sensação de desconfiança que se expressa por uma alienação das relações com os outros e, de forma mais proeminente, nos quadros psicóticos, como reclusão total, negando inclusive alimento e contato e se tornando indiferente à companhia dos outros.

Com relação às características de cada faceta, nesse estágio o círculo de relações significativas se limita à mãe ou cuidador principal. O desfecho favorável neste cenário é a aquisição da capacidade para confiar nos outros e ter a crença de que as necessidades serão atendidas. Por outro lado, as dificuldades nesse estágio se manifestam como um afastamento das relações e uma antipatia que podem levar a patologias, como esquizoidia, estados depressivos e paranoia (psicopatologias resultantes). Nesse período, os infantes percebem o mundo como um lugar que obedece às mesmas leis que regem sua limitada percepção (princípio de ordem social). O ritual aqui se apresenta na afirmação do eu e do outro pelo reconhecimento da face e do nome. O oposto a isso, o ritualismo, seria uma idealização do outro na qual não há reconhecimento das reais características e limitações desse outro, o que pode levar uma criança a ter altas expectativas em suas relações com baixa tolerância à frustração.

## *Prática clínica*

Tanto em relação ao desenvolvimento quanto na prática clínica, a confiabilidade ambiental é ponto central não somente para Erikson, mas também para outros autores, como Winnicott. Especialmente com indivíduos que tiveram falhas na aquisição do sentimento de confiança no início da vida, ressalta Erikson (1968), o tratamento é feito de forma a "alcançá-los com o intuito específico de convencê-los de que podem confiar em nós e neles próprios" (p. 97, tradução nossa).

Deborah, uma jovem estudante, foi uma paciente atendida por Erikson que apresentava traços de personalidade *borderline*, antissocial, sintomas depressivos e psicóticos e ideação suicida. A paciente tinha um discurso repetitivo de que sentia um vazio interior, falta de identidade, sensação de fracasso na vida, entre outras. Com todas essas características, Erikson sentia que "era difícil sentir empatia por sua postura demandante" (Schlein, 2016, p. 87, tradução nossa).

As intervenções de Erikson se deram, parcialmente, no sentido de "dar esperança e encorajamento sobre o sofrimento e de que a paciente seria capaz de lidar com isso" (Schlein, 2016, p. 87). Ainda assim, Erikson sentia que a paciente recusava suas sugestões e até interpretações. O autor formulou a hipótese, e chegou a compartilhar com Deborah, de que essa falta de esperança da qual sofria estava relacionada a uma perda de esperança muito mais primitiva, no início da vida, entretanto, a paciente rejeitou a ideia.

Em todas as sessões seguintes a paciente voltou com a mesma postura e queixas. Em certo momento, o autor disse à ela que sua postura, por vezes, o levava a sentir como se estivesse em frente a uma criança. Dessa vez, Deborah recebeu sua observação e trouxe conteúdos relacionados à sua infância. Ainda assim, seu comportamento histriônico se manteve e oscilou entre afirmações de que não seria capaz de se suicidar e de que mantinha as ideações suicidas.

Assim, considerando a interpretação de Erikson, essa paciente possivelmente sofreu pela perda de um ambiente confiável logo no início da vida e isso a levou a uma postura hesitante em relação às intervenções do autor e em seu modo de funcionamento como um todo. Deborah oscila entre uma postura que busca pela possibilidade de confiar e de depender do outro e outra postura na qual não aceita o que vem do outro.

## *Referências e indicações de leitura*

Erikson, E. H. (1950). *Childhood and society.* W. W. Norton.

Erikson, E. H. (1958). *Young man Luther: a study in psychoanalysis and history.* W. W. Norton.

Erikson, E. H. (1968). *Identity: youth and crisis.* W. W. Norton.

Friedman, L. J. (1999). *Identity's architect: a biography of Erik Erikson.* Scribner.

Schlein, S. (2016). *The clinical Erik Erikson: a psychoanalytic method of engagement and activation.* Routledge.

Spitz, R. (1965). *The first year of life: a psychoanalytic study of normal and deviant development of object relations.* International University Press.

# JOHN BOWLBY (1907-1990)

# 10. A importância do apego seguro para o desenvolvimento de uma personalidade saudável

*Érica Almeida Coelho*

*Acumulam-se evidências de que seres humanos de todas as idades são mais felizes e mais capazes de desenvolver melhor seus talentos quando estão seguros de que, por trás deles, existem uma ou mais pessoas que virão em sua ajuda caso surjam dificuldades.*
Bowlby (1969/1984, p. 139)

No campo da psicanálise e infância, ninguém ousaria questionar a importância dos vínculos para o desenvolvimento de seres humanos mais saudáveis emocionalmente. Essa constatação gera algumas perguntas: como isso acontece e como promover vínculos seguros na prática clínica? Que experiências na infância poderiam favorecer ou dificultar um apego seguro? Esses questionamentos podem ser respondidos tomando como base a teoria do apego, desenvolvida e apresentada pelo psiquiatra, psicólogo e psicanalista inglês John Bowlby, que defendeu que a relação primária com os cuidadores (mãe, pai, avó, dentre outros que assumam essa função) é a base de toda a saúde mental e emocional. Para esse autor, o apego pode ser conceituado como um vínculo particular e íntimo desenvolvido com figuras especiais e que, embora seja mais evidente nos primeiros anos, se mantém ao longo da vida (do berço à sepultura). O ser humano nasce com uma propensão a buscar proximidade e contato com uma figura específica em determinadas situações, a exemplo de quando a criança fica sozinha, assustada, doente ou cansada (Bowlby, 1982/2015).

O aspecto mais importante do apego é a necessidade do indivíduo de se sentir seguro, podendo assim se expressar, regular seus estados mentais e explorar o mundo à sua volta. A segurança é a bússola que permite à criança aprender a se localizar no mundo a partir do que o cuidador primário lhe oferece. Para Bowlby (1982/2015), o funcionamento da personalidade saudável em toda e qualquer idade se sustenta na capacidade do indivíduo em reconhecer figuras adequadas dispostas a oferecer segurança e, em contrapartida, colaborar com essas figuras em relações mutuamente gratificantes. Dessa forma, é possível perceber que recai sobre os cuidadores uma grande responsabilidade; por isso, muito do trabalho clínico desenvolvido a partir da teoria do apego inclui a dupla cuidador-criança, entendendo que as dificuldades acontecem e devem ser pensadas a partir da relação.

Para chegar às diferenças entre o que caracterizaria um apego seguro e um apego inseguro, Bowlby contou com a colaboração de Mary Ainsworth, psicóloga do desenvolvimento que, dentro de seus estudos, investigou duplas de mães e crianças, definindo o que ficou conhecido como experimento da situação estranha, que permitiu categorizar três principais padrões de apego. No apego seguro (A) foram enquadradas as crianças ativas na brincadeira e que buscavam contato quando separadas brevemente da mãe; ao serem prontamente confortadas se acalmavam e voltavam a brincar. No apego inseguro evitativo, (B) se encontravam as crianças que evitavam a mãe quando se reencontravam e muitas vezes eram mais amistosas com um estranho do que com a própria mãe. Já no apego inseguro ambivalente e (C) encontravam-se as crianças que oscilavam entre a busca por contato e a resistência ao contato e à interação com a mãe (Bowlby, 1969/1984).

No experimento da situação estranha, pode-se destacar algumas caraterísticas dos bebês considerados seguros: ao explorar e brincar, usavam a mãe como base segura, isto é, mesmo contentes em brincar e explorar, se mantinham atentos aos movimentos da mãe e não a perdiam de vista. Era observável nesses bebês um equilíbrio harmonioso entre exploração e apego. Além disso, o choro era menos frequente, os bebês se acalmavam de forma mais rápida e tinham desenvolvido formas mais efetivas de se comunicar com a mãe (Bowlby, 1969/1984, 1982/2015).

Assim, podemos nos perguntar: quais seriam as condições para que essa mãe ou cuidador possa se tornar base segura de uma criança? Quando falamos sobre as condições para o desenvolvimento de um apego seguro, esperamos do cuidador a capacidade de ler e atender as necessidades do bebê. Para Bowlby, a função de quem cuida consiste, primeiro, em estar disponível e pronto a atender quando solicitado e, segundo, em intervir no caso de a pessoa estar em risco ou perigo.

A forma como a criança é cuidada determina em graus consideráveis se ela será mentalmente saudável ao crescer. Nesse sentido, cabe esclarecer alguns aspectos em que Bowlby diverge de outros teóricos que argumentavam que atender prontamente as necessidades do bebê os tornava dependentes. A partir da teoria do apego, o que ocorre é o contrário: para que um bebê possa caminhar para uma autonomia saudável, ele vai precisar depender de um cuidador e criar uma relação de segurança que lhe permita voltar sempre que for preciso.

Para ilustrar os conceitos de apego seguro e base segura, trarei o caso de uma menina de 5 anos, que chamarei de Mia. Pouco antes de vivenciarmos a pandemia de covid-19, a pequena Mia se mudou para a China com a família. Até aquele momento, era uma garotinha saudável que se desenvolvia muito bem. Ao chegar no novo país, Mia se sentiu muito assustada e passou a demandar muito dos pais, manifestando muito medo de dormir em seu quarto com o irmão, se sentindo aflita quando estava na escola e pensando o tempo todo em ficar junto da mãe. Sem saber como reagir, a mãe de Mia passou a apresentar irritação e raiva com a filha e não conseguia compreender o que estava acontecendo, fato que a levou a buscar ajuda profissional. Já no primeiro contato com os pais, depois de realizar uma escuta atenta, recordei as palavras de Bowlby sobre a importância de que os pais fossem uma base segura para a criança. Ao explicar sobre as necessidades atuais de Mia, os pais ficaram surpresos, pois não imaginavam que a necessidade de Mia era de mais disponibilidade, paciência e segurança para que, aos poucos, pudesse reconhecer aquele novo espaço como um lugar seguro.

Nos encontros de orientação parental e sessões vinculares entre Mia e seus pais, estes atendiam e reparavam o vínculo quebrado com a filha a partir do brincar, o que fez com que Mia ficasse mais tranquila e fosse retomando a sensação de segurança aos poucos. Um dia, enquanto se preparava para dormir, Mia surpreendeu a mãe perguntando se poderia tentar dormir sozinha naquele dia e, antes que a mãe respondesse, Mia disse: "é que agora eu sei que se eu precisar de você ou do papai vocês vão vir aqui, ou eu posso ir até vocês". Ao atender as necessidades de Mia, os pais puderam enfrentar uma situação de ansiedade de separação, permitindo à filha retomar a segurança no vínculo e fazendo os ajustes necessários para seguir desenvolvendo sua personalidade de maneira saudável. De outra forma, algo que foi aparentemente adaptativo poderia ter se desenvolvido como uma ruptura de vínculo que causaria ansiedade, insegurança e medo, fazendo com que Mia tivesse dificuldades para se relacionar e confiar em outras pessoas.

Desse modo, o caso clínico apresentado confirma a tese de que o essencial para a saúde mental é que a criança possa ter uma base segura que lhe ofereça apoio e, ao mesmo tempo, encoraje e respeite sua autonomia, encontrando na dança entre apego e exploração a construção de uma autoconfiança bem fundamentada, que permita ao indivíduo a confiança nos outros, no mundo e em si mesmo.

## *Referências e indicações de leitura*

Bowlby, J. (1969/1984). *Apego e perda* (Vol. 1: Apego - A natureza do vínculo). Martins Fontes.

Bowlby, J. (1973/1984). *Separação: angústia e raiva* (Vol. 2: Separação - Angústia e raiva). Martins Fontes.

Bowlby, J. (1982/2015). *Formação e rompimento dos laços afetivos.* Martins Fontes.

Bowlby, J. (1989). *Uma base segura: aplicações clínicas da teoria do apego.* Artes Médicas.

# HANS LOEWALD (1906-1993)

# 11. Diferentes níveis de integração ego-realidade em uma vivência psicótica

*Rosana Sigler*

Hans W. Loewald é um autor muito pouco conhecido no Brasil, pois não possui nenhum de seus trabalhos traduzidos para o português. Ele também não recebeu o devido crédito por parte da comunidade psicanalítica internacional por ter sido um dos pioneiros a dar substantiva importância ao papel da subjetividade do analista e dos processos interacionais na relação analítica (Teicholz, 1999).[1] Entre outros trabalhos, encontramos a coletânea praticamente completa dos artigos publicados em diferentes periódicos psicanalíticos entre 1951 e 1979, *Papers on psychoanalysis* (1980). Influenciado por sua experiência clínica com pacientes severamente comprometidos, Loewald produz ideias psicanalíticas criativas e originais, explorando as lacunas, as contradições e, acima de tudo, a riqueza do pensamento freudiano.

Dentre as inúmeras inovações conceituais a partir do texto freudiano, encontramos a de *níveis de integração ego-realidade*

---

[1] Para conhecer um pouco da sua biografia e um recorte de sua obra, remeto o leitor à minha tese de doutorado (Sigler, 2008).

(Loewald, 1951/1980).[2] Após sua singular leitura do tema do narcisismo em Freud, Loewald apresenta uma concepção original das relações entre ego e realidade. Ele se opõe à ideia dessas relações como caracterizadas pelo ajuste e pela adaptação do ego à realidade, a partir do princípio de realidade. Essa era uma das ideias predominantes no pensamento psicanalítico produzido nos Estados Unidos em meados do século XX.

Lado a lado às transformações do ego ao longo do desenvolvimento, ocorrem transformações também *na realidade* com a qual esse ego está em contato: a princípio, a realidade faz parte do ego; depois, ocorrem sucessivas transformações do ego e da realidade. Isso corresponde a diferentes níveis de integração ego-realidade. A vitalidade do ego está relacionada não à sua eficiente adaptação à realidade, mas ao contato permanente com níveis precoces e profundos da realidade, próprios da unidade narcísica inicial. Loewald compreende o desenvolvimento da criança desde seu nascimento como um processo em que ocorre uma crescente integração na relação ego-realidade.

Ao formular a ideia de diferentes níveis de integração ego-realidade, Loewald evoca algumas ideias do psicanalista vienense Paul Federn. Este autor postula que na psicose haveria um *ganho* de realidade (e não uma perda), na medida que o ego seria engolfado e invadido por ela, dissolvendo-se (Federn, 1931, citado por Loewald, 1951/1980, p. 9).[3] Nessa direção, Loewald afirma que, no processo de integração ego-realidade, há duas ameaças: a da indiferenciação e a da diferenciação excessiva. Nos níveis primitivos de integração ego-realidade, opera a *realidade maternal*: ela ameaça com seu apelo engolfante; nos níveis mais tardios, opera a *realidade paternal*, que

---

[2] *Stages of ego-reality integration*, no original.

[3] Trata-se do trabalho intitulado *Die Wirklichkeit des todestriebes* (A realidade da pulsão de morte).

ameaça com a castração. Esta não é, porém, apenas o que é hostil ao ego, mas também representa algo que o protege do perigo do engolfamento e da indiferenciação. Essas duas ameaças representam um perigo à medida que as tendências em jogo possam prosseguir em seu movimento, sem interdições. Loewald ressalta os efeitos das realidades materna e paterna: engolfamento, indiscriminação e revigoramento; castração, discriminação e proteção, respectivamente (Sigler, 2008). Vamos ver como essa concepção nos ajuda a compreender a vivência de uma moça em sua análise.[4]

Em uma dada sessão, Catarina me diz, muito angustiada, que o primo, que visita sua casa com frequência, sempre desaparece completamente para ela assim que vai embora. Ela não se lembra mais de como é seu rosto. Ela me conta que isso estranhamente também acontece com a minha imagem: ela se desvanece assim que vai embora para casa depois da sessão. Ao final do nosso encontro, lhe digo que, apesar de estarmos prestes a nos afastar, eu certamente me lembraria dela, pois isso sempre acontecia. Ela estaria, então, dentro do meu pensamento, ainda que nos afastássemos uma da outra. Catarina esboça uma feição de perplexidade.

Nesse mesmo dia, ela começa a apresentar uma vivência de natureza psicótica. Passadas algumas horas após nossa sessão, ela deixa muitos recados na secretária eletrônica de meu celular, contando o que estava pensando sobre si mesma e sobre sua família. Percebo que ela não vê nenhum impedimento em fazer de seu recado na secretária eletrônica uma sessão comigo. Considerando o que eu havia lhe dito há poucas horas, em sessão, é possível compreender que, para ela, a ideia de sua permanência em meu pensamento não sugeriu que eu poderia retê-la dentro de minha mente da mesma forma que ela poderia reter-me dentro da dela. Essa ideia foi compreendida como ausência de limites entre nós duas: éramos um

---

[4] A descrição dessa situação clínica é apenas inspirada em meus atendimentos.

organismo só, ela estava em mim, assim como eu estava nela, a qualquer hora e em qualquer lugar.

Na sessão do dia seguinte, Catarina descreve, com uma fala desconexa, a aflição pela qual passou por causa da presença de um espírito maligno no dia anterior. Ela passa a me explicar, então, que percebera de modo muito claro que todo o sofrimento que vinha enfrentando desde o início de sua vida devia-se a esse espírito maligno. Nessa e nas sessões seguintes, Catarina se mostra bastante refratária às minhas tentativas de compreensão da sua angústia que não afirmassem a verdadeira natureza – espiritual – de sua vivência.

Pode-se pensar que Catarina, na sessão do dia anterior, ao ouvir que permaneceria em mim ainda que fosse embora, viveu a ameaça da indiscriminação, do engolfamento, da invasão e da dissolução de si, própria do nível de integração ego-realidade materna. Isso porque, em seu funcionamento, opera muito debilmente o nível de integração ego-realidade paterna, com seu efeito protetor contra a vivência de fluidez entre ela e a analista. Penso que sua vivência psicótica corresponde, entre outros aspectos, a uma formação defensiva em sua luta por preservar o sentimento de que não foi dissolvida em uma indiscriminação comigo. De fato, as alucinações e os delírios, que vão sendo trazidos nas sessões seguintes evidenciam Catarina muito pouco permeável às minhas colocações e muito convicta sobre suas ideias delirantes.

Ela permanece por algumas semanas neste nível de integração ego-realidade para alçar, lenta e gradativamente, outros níveis em que os delírios e as alucinações já não mais estão presentes e uma incipiente percepção de si mesmo passa a acontecer.

## *Referências e indicações de leitura*

Loewald, H. W. (1951/1980). Ego and reality. In H. W. Loewald, *Papers on psychoanalysis*. Yale University Press.

Loewald, H. W. (1980). *Papers on psychoanalysis*. Yale University Press.

Sigler, R. (2008). *A importância da realidade na constituição do sujeito e na clínica psicanalítica: investigação sobre o trabalho de Melanie Klein e Hans W. Loewald* (Tese de doutorado). Instituto de Psicologia, Universidade de São Paulo.

Sigler, R. (2012). Hans W. Loewald: alteridade em destaque. *Impulso, 22*(55), 45-57.

Sigler, R., & Coelho Jr., N. E. (2009). Hans W. Loewald: a importância da realidade na constituição do sujeito e na clínica psicanalítica. *Ágora, XII*(2), 229-243.

Teicholz, J. G. (1999). *Kohut, Loewald, and the postmoderns: a comparative study of self and relationship*. Routledge.

# MASUD KHAN (1924-1989)

# 12. A personalidade esquizoide como entidade clínica: consequências para a técnica psicanalítica

*Marília Velano*

O estudo da personalidade esquizoide está presente ao longo de toda a obra de Mohammed Masud Raza Khan. Trata-se de um processo dissociativo que coloca à margem o núcleo do *self*, desdobrando-se na transferência como um efeito neutralizante da atividade interpretativa. O núcleo do *self* é a entidade formada a partir do somatório de experiências de cuidado que pode vir a localizar-se no corpo do bebê, estabelecendo uma distinção entre o mundo externo e o mundo interno. A principal função do estado dissociativo que opera na personalidade esquizoide é ocultar e proteger o núcleo do *self* ao custo de um empobrecimento da capacidade de experimentar a vida e sentir-se real.

Khan (1984) isola do conjunto dos chamados casos fronteiriços o paciente esquizoide como uma entidade clínica distinta que impõe uma técnica específica. Ao mesmo tempo que reconhece o esforço empreendido para esta nomeação diagnóstica por Fairbairn e Helen Deutsch, atribui a Winnicott o pioneirismo do emprego dessa teoria para elaborar uma estratégia clínica específica.

A partir da clínica, Khan observa como a disponibilidade transferencial dos pacientes promove no analista a sensação de irritabilidade ou de extrema sedução. Ele traça uma distinção entre a verdadeira comunicação e o exibicionismo psíquico que assume a forma de uma defesa intelectual, podendo ser, muitas vezes, confundido com a associação livre. Na raiz dessa forma defensiva está a dificuldade de entrar em contato com a sensação de vazio e a exaustiva necessidade de acobertá-la. É o caso do paciente com brilhante carreira universitária, incapaz de sair das suas "intermináveis construções mentais" e da "insaciável tagarelice na sua cabeça", que vinha para as sessões com Khan com um imenso material já interpretado e partia com a grande "sensação de inutilidade e de não ter experimentado absolutamente nada" (Khan, 1984). Hipocondríaco, o paciente compartilha com Khan como as intervenções cirúrgicas e a dor silenciavam a "tagarelice". Foi a atitude pouco invasiva, não interpretativa de Khan nas sessões que possibilitou um certo tipo de experiência de *self* diferente do que ele denominou mentação. A interpretação do exibicionismo psíquico teria lançado novamente o paciente à introspecção obsessiva, em vez de a uma avaliação reflexiva de si mesmo.

Ainda em referência à disponibilidade transferencial desses pacientes, Khan chama a atenção para o fato de que existe uma urgente necessidade de descarga que possibilita que o paciente participe de atividades sublimatórias que não trazem qualquer significado pessoal, ainda que do ponto de vista social sejam valorizadas. A dificuldade concentra-se em torno da possibilidade de ligação e, portanto, integração das experiências como um repertório pessoal. Daí a necessidade de uma grande produção de material e descargas por meio da atuação. A compulsão surge tanto na produção do conteúdo psíquico como em ato.

O caso de Peter, um adolescente silencioso atendido por Khan (1984), ilustra de forma exemplar o uso dos objetos da cultura como uma defesa que colabora com o retraimento, não configurando uma significação pessoal. Severamente traumatizado pela depressão materna durante a infância, o adolescente passou a se defender por meio do retraimento no vínculo com o mundo e com a realidade fazendo uso dos objetos da cultura como parte dessa defesa.

> *Tentara inventar para si uma identidade inteiramente nova através da absorção na música e identificação com vários personagens fictícios. Na verdade, procurava descobrir um novo meio no qual se transformava naquilo que lia. Era uma identidade como se, cujo objetivo era recriar um ego prazer idealizado não relacionado com a realidade e isento de todo e qualquer conflito. Desnudava-se de toda emoção e contatos e vivia rodeado de música. Isso lhe permitia negar, tanto a sua real necessidade de ser dependente dos pais quanto a necessidade de ser cuidado exatamente onde agia o trauma original e suas sequelas (Khan, 1984, p. 215).*

Do ponto de vista contratransferencial, o trabalho do analista, alerta-nos Khan, passa a ser exaustivo. Se por um lado o analista é o depositário privilegiado da esperança de que algo possa ser experimentado e integrado ao sujeito, por outro, a disponibilidade transferencial do paciente produz um sentimento de fracasso e desmoralização.

Khan ressalta como, no caso Peter, o adolescente fazia uso do silêncio como forma de comunicação. Após muitas sessões em silêncio, o paciente promovia no analista, a cada novo encontro realizado, a esperança de que algo pudesse vir a ser dito para, ao final, resultar na sensação de fracasso absoluto.

> *Pouco a pouco comecei a perceber, pelo impacto dos silêncios em mim e pelas minhas reações internas a eles, que Peter estava usando-me como seu ego auxiliar. Fazia-me passar pelo que ele, passivamente, vivera em algum estádio do seu desenvolvimento. Eu era o Peter-criança e, ele, a outra pessoa da situação infantil original. Aprendi que o fato dele me seduzir, enchendo-me de esperança e expectativa porque, ao chegar, parecia vivaz e alegre, era um meio seguro de me fazer experimentar dolorosa rejeição durante todo o resto da sessão. Quanto mais eu me sentia em condições de reagir e esperava reação da parte de Peter, mais amargamente inútil e desiludido me sentia no final da sessão (Khan, 1984, p. 211).*

A personalidade esquizoide faz uso indiscriminado de mecanismos de defesa que estão intimamente relacionados à incapacidade de conter a ansiedade e o desejo. Apesar de apontar para essa inespecificidade dos mecanismos de defesa no paciente, Khan identifica a clivagem, a desvalorização de objetos e de experiências afetivas, a identificação projetiva e, sobretudo, a idealização e os processos de hipertrofia superegoica. Por se tratar de defesas muito primitivas, que trazem em si lembranças de experiências reais e traumas não integrados psiquicamente, é importante que o analista discrimine a função defensiva do mecanismo da sua função de comunicação.

O processo de idealização é particularmente valorizado por Khan para a compreensão da personalidade esquizoide. Não se trata, segundo o psicanalista, da formação de ideais que estejam ancorados na introjeção das figuras parentais idealizadas, mas de uma tentativa de, por meio da idealização, defender-se da perda do objeto primário. Segundo Khan (1984), "o objeto interno idealizado (i.e., ideal do ego) é, então, usado para rechaçar toda sensação de desesperança, vazio e frivolidade. No relacionamento transferencial, eles idealizam o analista e o processo analítico" (p. 34).

A interrogação sobre, por meio de quais técnicas o *setting* analítico pode funcionar com esse tipo de paciente, parte da premissa de que se trata de um estado ainda não diferenciado estruturalmente em ego, id e superego que se beneficia da técnica da construção no *setting* analítico da natureza e da efetividade do ambiente materno inicial.

## *Referências e indicações de leitura*

Khan, M. M. R. (1977/1984). *Psicanálise: teoria técnica e casos clínicos*. Francisco Alves.

Khan, M. M. R. (1988/1991). *Quando a primavera chegar*. Escuta.

# BETTY JOSEPH (1917-2013)

# 13. O paciente de difícil acesso

*Thiago da Silva Abrantes*

Betty Joseph pensou a respeito das nuances envolvidas em como o paciente recebe uma interpretação, quais são seus efeitos, e qual abordagem técnica utilizar no trabalho interpretativo. Seu foco de preocupação são as questões técnicas a serem consideradas quando estamos diante de pacientes que não são tocados, atingidos, por uma interpretação, daí utiliza a ideia de pacientes de difícil acesso. O centro de sua reflexão é a transferência e o uso dela no trabalho interpretativo do analista.

Há grande influência do pensamento kleiniano nas proposições de Joseph. Nesse contexto, ela usa a ideia de cisão no eu para explicar como uma parte do eu seria mantida fora do trabalho analítico. "Algumas vezes a cisão toma a seguinte forma: uma parte do ego mantém-se à parte, como que observando tudo o que se passa entre o analista e a outra parte do paciente, e destrutivamente impedindo que se faça um contato verdadeiro, utilizando-se para tanto de métodos de evitação e evasão" (Joseph, 1975/1992, p. 85). Ela se dedicou a encontrar maneiras de se comunicar com uma parte do paciente que conseguiria escutar o analista e, para tanto, buscou compreender como o paciente estabelece sua relação transferencial.

Diante de pacientes inacessíveis, é importante ter muita atenção na maneira como se comunicam, na postura corporal enquanto falam, em como respondem às interpretações (seja a verbal, sejam as que aparecem em sonhos e nas fantasias inconscientes), e não só no conteúdo que é dito; "sugiro que nós temos de reconhecer que esses pacientes, mesmo quando são muito verbais, estão na verdade atuando intensamente, às vezes na própria fala, e nossa técnica tem que levar isso em consideração" (Joseph, 1975/1992, p. 86).

A natureza da cisão do paciente de difícil acesso é colocada em questão, principalmente quando a cooperação é muito pronunciada, sendo que essa atitude é uma resistência que busca manter cindidas partes do *self* desconhecidas, as quais necessitam de maior integração. O pensamento dela traz reflexões de como estabelecer uma aliança com esses pacientes, pois aceitam a maioria das interpretações, realizam associações e há uma aparência de que o tratamento está evoluindo. Apesar da compreensão aparente, muitos dos sintomas continuam e o analista é tomado por um sentimento de vazio, de inoperância *de* e *na* sua abordagem.

Os conflitos são raros; quando surgem, rapidamente são dissipados em nome de uma ordem apática e mortificante. O analista se vê em um jogo de adivinhação, trabalha de modo intenso e nenhum efeito é alcançado, há o risco de o analista falar sobre o paciente e não ao paciente. Qual técnica utilizar frente a dificuldades dessa ordem? Vamos a uma de suas vinhetas clínicas.

O paciente A era um professor, iniciou sua análise com menos de trinta anos, havia lido textos sobre psicanálise, era casado e tinha um filho pequeno. Após três anos e meio de tratamento, certo dia, falou sobre problemas que tinha ao arrumar armários, dispendia muito tempo com isso, tinha de retirar todas as coisas do interior de um móvel, não conseguia parar. Ele falou disso como se fosse um grande problema, precisava de ajuda e não queria mais sair de casa à noite para visitar seus amigos porque queria seguir na arrumação. A fez uma pausa esperando alguma resposta de sua analista, que não aconteceu. Na sequência, disse que não gostava de visitar pessoas à noite, que em uma das últimas vezes que saíra, um de seus colegas havia sido muito grosseiro: deixara todos sozinhos e fora ver televisão. Joseph disse ao paciente que ele teria esperado que ela dissesse algo a respeito da arrumação da mente e do mundo interno dele, como ela não o fez, tornou-se o marido rude que ficou assistindo à televisão, portando-se sem considerar as necessidades das outras pessoas. A ficou incomodado, mas seguiu sua sessão.

No outro dia, disse que estava se sentindo melhor e relatou um sonho que tivera na noite anterior. Ele e a esposa foram a uma casa de veraneio, estavam indo embora e precisavam colocar as coisas dentro do carro, porém o veículo ficava distante da entrada da casa, talvez por modéstia dele para trazer o carro mais perto ou pelo caminho estar com lama e ser estreito. Nada era muito claro. Na sequência, estava em mercado e achou estranho, pois por que compraria comida se estava voltando para casa? Enquanto escolhia cenouras, ficou entre as holandesas, retorcidas, e as francesas, lisas e mais bonitas. Optou pelas primeiras, porém sua esposa o questionou. Após contar o sonho, associou o conteúdo com planos de férias, que gostaria de ir para a França e as cenouras trouxeram recordações do período da guerra, elas eram um alimento barato, nutritivo e bom para prevenir cegueira noturna.

Joseph disse a ele que a suposta modéstia para levar o carro mais perto para carregar as bagagens guardaria uma relação com A não querer que ela visse o que ele empacotaria dentro de si, resultante de ter sido auxiliado na sessão passada. Os esforços de arrumar as coisas de seus armários puderam ser vistos sob outro ângulo: eram tentativas de empacotar as interpretações de sua analista, de guardá-las e não as usar para si, os conteúdos da análise se tornam "comida que ele próprio compra para levar para casa, e não comida que ele obtém da casa-análise" (Joseph, 1975/1992, p. 88). As cenouras que escolheu são retorcidas, tornando o contato consigo mesmo ainda mais tortuoso, em vez de prevenirem sua cegueira noturna. Vemos aqui como, a partir da forma pela qual um conteúdo surge em uma sessão, o analista entende a natureza da relação transferencial naquele momento, caracterizando as partes cindidas do eu e como elas interagem.

Ela acredita que uma parte de seu paciente tem um *insight* da sua tendência a distorcer elementos de si mesmo, busca desarrumar os conteúdos da análise, demanda por interpretações relativas ao suposto problema da arrumação apenas para evitar o contato com as cenouras lisas, isto é, com interpretações diretas e assertivas sobre ele. Mais ilustrativo ainda é que essa percepção de si não é sentida diretamente, mas mediada pela figura da esposa, projetado nela, que o adverte da escolha equivocada das cenouras. Dentre vários elementos importantes aqui, Joseph destacou como o sonho mostrou que A buscava encapsular e manter distantes as interpretações sugeridas por ela, assim como o carro, colocado distante da entrada da casa.

A saída encontrada por Joseph foi esmiuçar os elementos presentes na experiência analítica, tanto do paciente quanto do analista. É fundamental,

> *com o paciente inacessível,... localizar a função do ego e esclarecer as atividades das diferentes partes. Em muitos desses pacientes uma parte parece manter-se*

> *ao lado do resto da personalidade, observando minuciosamente o que está ocorrendo entre o analista e o resto do paciente (Joseph, 1975/1992, p. 89).*

Tecnicamente, Joseph sublinha a necessidade de o analista acompanhar a maneira como o paciente recebe uma interpretação. Ela trabalha em um duplo viés com pacientes de difícil acesso: a comunicação verbal é escutada em seu conteúdo em conjunto com o que é atuado transferencialmente. O importante é o paciente ter uma experiência de como ele é em análise, e não contar ao paciente como ele é. No caso de A, ela não respondeu ao que seria o problema da suposta compulsão dele em arrumar os armários, e disso resultou o início do entendimento dele a respeito de como buscava manter sua analista distante de si.

## *Referências e indicações de leitura*

Joseph, B. (1975/1992). O paciente de difícil acesso. In B. Joseph, *Equilíbrio e mudança psíquica*. Imago.

Joseph, B. (1982/1992). O vício pela quase-morte. In B. Joseph, *Equilíbrio e mudança psíquica*. Imago.

# HEINZ KOHUT (1913-1981)

# 14. Narcisismo

*Gustavo Dean-Gomes*

Foi a partir do artigo de 1966, "Formas e transformações do narcisismo", que Heinz Kohut lançou suas novas ideias sobre o tema do narcisismo, dos transtornos narcísicos e de sua clínica. Ele define o narcisismo como o "investimento libidinal do *self*" (1966/2011, p. 427) e busca resgatar o conceito do que entende ser uma visão condenatória que lhe recairia na cultura ocidental, inclusive na própria psicanálise.

Parte-se de um problema clínico: Kohut observa que, de forma geral, ao analisar pacientes com forte aspecto narcisista, os clínicos buscavam, partindo do referencial freudiano, levar o paciente a desenvolver capacidades de construção e manutenção de relações objetais. Ao trabalhar com tais pacientes, pondera Kohut, deve-se ter em perspectiva a transformação do narcisismo infantil, enraizado em necessidades narcísicas, em expressões maduras do próprio narcisismo.

Para Kohut, de fato, os pacientes narcisistas não têm dificuldades de desenvolver relações objetais – na realidade elas lhe são extremamente necessárias. Todavia, a qualidade dessas relações reflete os aspectos iniciais do desenvolvimento emocional, quando a alteridade é fonte de angústia. O outro, nesses momentos, é vivido com indistinção, como uma parte de si. É assim que Kohut concebe a ideia de "narcisismo primário" e nessa observação está a raiz de seu conceito de "selfobjeto". Será apenas a partir das transformações do narcisismo que o outro poderá ser tolerado e apreciado como diferente de si.

Esse processo de formação do *self* e estabelecimento da alteridade parte de um momento de grande indistinção e onipotência, desdobrando-se, segundo o pensamento inicial de Kohut, na busca de novas formas de perfeição que englobam as necessidades narcísicas: a *imago parental idealizada* e o *self narcísico* (ou *self grandioso*). Posteriormente, Kohut discriminaria uma terceira forma, a *gemelaridade* (ou *alter-ego*).

A imago parental idealizada é uma forma de relação objetal essencialmente narcísica, definida inicialmente por Kohut (1966/2011) como o investimento libidinal direcionado a um outro, adulto (geralmente os pais), visando à manutenção de remanescentes da onipotência original do bebê a partir da tentativa de idealização e participação no poder amplificado desse outro. Por seu intermédio, cria-se uma sensação de tranquilidade, proteção e inspiração, ao mesmo tempo que se contempla esse outro com medo e admiração.

Por outro lado, a relação objetal de qualidade *self*-narcísica estimularia as ambições do sujeito. Segundo Kohut, nessa relação encontramos a necessidade narcísica da criança de um olhar vindo do adulto que espelhe, reassegure e ratifique, circunstancialmente, o sentimento de onipotência infantil, ou seja, sua fantasia grandiosa. Um exemplo desse tipo de experiência dá-se quando a criança mostra aos pais alguma nova habilidade ou sucesso em determinada situação, na expectativa de perceber a reação de aprovação orgulhosa do adulto.

Derivada da relação de qualidade *self*-narcísica – mas especificada apenas no livro póstumo, *Como a análise cura?* (1984/2013) – é a relação gemelar (ou alter-ego). Trata-se da necessidade humana de experimentar, ao longo da vida, semelhança com o outro e pertencimento. Em alguns momentos de sua obra, Kohut se refere à busca pelo "eco humano", uma ideia que remete aos seus estudos paralelos sobre o tema da empatia. A necessidade – e a perda – desse tipo de experiência foi estudada a partir de exemplos da literatura – especialmente de Kafka – e de situações sociais específicas, como o aprisionamento dos judeus em campos de concentração. Para ilustrar a gemelaridade, Kohut cita o exemplo de filhos pequenos imitando os pais ao se barbear ou vestir.

Caso a criança passasse pelas três experiências referidas sem maiores dificuldades, seu psiquismo estaria aberto a uma série de transformações futuras do narcisismo: a aceitação da transitoriedade, o desenvolvimento da criatividade, da empatia, do humor e, na idade mais avançada, da sabedoria. Esses cinco atributos são os primeiros sinais do caminho mais longo em que Kohut relacionará narcisismo e desenvolvimento do *self*, um percurso no qual a participação do ambiente será decisiva.

A psicopatologia narcísica, contudo, estaria atrelada à impossibilidade de as situações de idealização, espelhamento e gemelaridade iniciais sustentarem-se a contento. Aqui nos referimos à questão do trauma, essencial no pensamento kohutiano.

No que concerne à idealização, o desenvolvimento dos atributos ligados à imago parental idealizada não ocorreria, caso a idealização dos cuidadores encontrasse obstáculos severos. Nesse caso, observa-se uma variedade de consequências negativas possíveis, dentre elas a redução do sentimento de proteção, que interfere na capacidade de autorregulação do psiquismo, implicando a dificuldade de lidar com a ansiedade. Além disso, a partir da frágil internalização de ideais, faltariam exemplos consistentes de como relacionar-se com o mundo. Ou seja, certos aspectos do psiquismo ficariam inibidos em seu desenvolvimento e o indivíduo permaneceria dependente das relações de transferência com selfobjetos que exercessem tais funções. Isso foi demonstrado por Kohut, por exemplo, por meio do caso do sr. A (1968/2011), um paciente cuja capacidade criativa e humor variavam de maneira notável a partir da aprovação ou reprovação que percebia do seu entorno.

Por outro lado, caso a necessidade de espelhamento fosse traumaticamente frustrada, o *self* narcísico não se modificaria de sua forma infantil original. Resultariam disso, por exemplo, a crença desmedida do sujeito em seus poderes e exigências irreais. Podem surgir, ainda, mecanismos de compensação notáveis, como a busca persistente por agradar por meio de inteligência, beleza, bondade ou outros atributos – e um considerável mal-estar quando esse objetivo falhasse. Um caso exemplar nesse sentido é o da sra. F., estudado por Kohut em 1968. A paciente, filha de uma mãe depressiva, procurou Kohut pois sentia-se estranha e isolada, a despeito de ter uma intensa vida social e profissional.

Finalmente, a necessidade narcísica de gemelaridade. O vazio, a solidão e um sentimento de profundo estranhamento diante dos outros – a singularidade vivida não a partir da posição desejante, mas do não pertencimento e grande alienação de si – caracterizam as experiências traumáticas relacionadas a tais demandas narcísicas. Representativo desse caso é uma vinheta trazida por Kohut (1984/2013) na qual descreve uma paciente que, quando criança, diante da frieza e do distanciamento dos pais, tem a fantasia de ter um gênio no fundo de uma garrafa, com o qual se comunica e que lhe faz companhia – e que, eventualmente, permaneceu seu interlocutor quando adulta.

## *Referências e indicações de leitura*

Kohut, H. (1966/2011). Forms and transformations of narcissism. In H. Kohut, *The search for the self: selected writings of Heinz Kohut* (Vol. 1). Karnac.

Kohut, H. (1968/2011). The psychoanalytic treatment of narcissistic personality disorders: outline of a systematic approach. In H. Kohut, *The search for the self: selected writings of Heinz Kohut* (Vol. 1). Karnac.

Kohut, H. (1984/2013). *How does analysis cure?*. The University of Chicago Press.

# 15. Selfobjeto

*Gustavo Dean-Gomes*

O conceito de selfobjeto é um dos mais importantes da psicologia do *self*. Surge em *A análise do self*, trabalho em que Heinz Kohut (1971/2009) indica que pais e cuidadores não seriam apenas objetos de satisfação pulsional, mas forneceriam funções psicológicas essenciais para o desenvolvimento do *self*. No entanto, em vista da precocidade com que necessidades relacionadas a tais funções se manifestam, esses objetos não são experimentados em um registro de alteridade, mas como parte do *self* nascente. Daí a nomenclatura "*self*-objeto", hifenizada no primeiro momento. Visando esclarecer sua formulação, Kohut e Ernest Wolf (1978/2011) assim o descrevem:

> *Selfobjetos são objetos que experimentamos como parte de nosso self; o controle esperado sobre eles está, portanto, mais próximo do conceito de controle que um adulto espera ter sobre seu próprio corpo e mente do que do conceito de controle que ele espera ter sobre os outros (p. 361).*

O conceito de selfobjeto estava embasado nos estudos anteriores de Kohut sobre o narcisismo e a patologia narcísica. Em seu escrito de 1968, "O tratamento psicanalítico dos distúrbios de personalidade narcísica: esboço de uma abordagem sistemática", Kohut (1968/2011) descreveu, a partir de casos clínicos, como as respostas empaticamente inconsistentes dos pais podem constituir situações traumáticas, inviabilizando a transformação do narcisismo infantil em suas formas maduras.

Naquele momento, ao apresentar sua clínica dos adoecimentos narcísicos, Kohut enfatizou duas formas de transferência predominantes nesses casos: a "idealizadora" e a "especular". Essas derivavam das duas primeiras necessidades narcísicas descritas por Kohut, "idealização" e "espelhamento". Tais necessidades, posteriormente, ficaram consagradas como "necessidades selfobjetais".

As necessidades selfobjetais relacionadas ao espelhamento fornecem à criança elementos para consolidação da autoestima, a força da ambição, um potencial de vitalidade psíquica. No que diz respeito à idealização, encontramos as necessidades de proteção, segurança, conforto e tranquilidade. Por fim, proposta a partir dos anos 1980, a necessidade selfobjetal de gemelaridade (ou alter-ego) diz respeito à busca pelo semelhante, à necessidade que o humano tem da presença e do reconhecimento por outros humanos para perceber-se como tal – o "eco humano" a que Kohut se referia eventualmente.

De fato, ainda que nas melhores condições de constituição psíquica tais necessidades passassem por consideráveis modificações, Kohut entendia que jamais abdicaríamos de um certo grau de responsividade do ambiente para manter a condição de saúde do *self*. Colocando em perspectiva o pressuposto de busca por autonomia estabelecido por outras tradições psicanalíticas, dizia o vienense que jamais superamos nossa necessidade de selfobjetos, e que "uma mudança da dependência (simbiose) para a independência (autonomia) na esfera psicológica não é mais possível, muito menos desejável, do que uma mudança correspondente de uma vida dependente de oxigênio para uma vida independente dele na esfera biológica" (Kohut, 1984/2013, p. 47). Assim, tal era a intimidade mantida pelo *self* com seus selfobjetos ao longo da vida que, como indica Lessem (2005, p. 38), pode-se dizer que "o homem, do nascimento até a morte, vive em uma matriz de selfobjetos ou de responsividade selfobjetal". O relacionamento *self*-selfobjeto, para Kohut, forma a essência da vida psicológica.

Ao longo dos anos 1970, o conceito de selfobjeto modificou-se. Em *A restauração do self*, Kohut (1977/2009) reafirmou o lugar dos selfobjetos, que colocariam as questões do narcisismo em segundo plano. Finalmente, no lançamento póstumo *Como a análise cura?* (1984/2013), redimensionou o aspecto personalístico e interpessoal do conceito para referir-se a uma função que pode envolver pessoas ou mesmo objetos da cultura.

Naturalmente, a centralidade que o conceito de "selfobjeto" tinha na obra de Kohut também era parte de suas ideias clínicas. Em *A análise do self* (1971/2009), ele definiu o cerne da análise de adoecimentos narcísicos a partir do manejo e da elaboração das rupturas ótimas (não traumáticas) no vínculo do paciente com o analista. A elaboração viria da responsividade empática do analista, bem como de uma delicada reflexão sobre o que se passou na relação analista-paciente nos momentos em que a transferência selfobjetal foi colocada à prova. A aposta era de que, caso a situação pudesse ser manejada com tato, surgiriam recordações que auxiliariam a compreensão da situação de instabilidade vincular pontual. Disso resultaria o incremento da estrutura psíquica por meio do processo denominado "internalização transmutadora".

No livro póstumo editado em 1984, Kohut aprofundou suas reflexões sobre o tema. Ao definir os três principais elementos do processo terapêutico, ele retomou a importância da elaboração das transferências, acentuou o valor da análise dos mecanismos defensivos e indicou um novo dado essencial: a importância de se estabelecer a comunicação empática amadurecida entre o *self* e seus selfobjetos, trazendo à luz e transformando necessidades narcísicas reprimidas. Essa mudança no objetivo de uma análise vem da compreensão de Kohut do desenvolvimento do narcisismo normal e da importância dos selfobjetos. Segundo ele, a partir da análise e da travessia de *transferências selfobjetais*, o *self* consegue distanciar-se das necessidades primitivas que o ligam a selfobjetos arcaicos. Kohut (1977/2009) ilustra tal percurso refletindo sobre a relação do chanceler alemão Otto von Bismarck com seu médico:

> *Bismarck era muito obeso até o momento em que começou seu relacionamento terapêutico com Schweninger. Daquele ponto em diante, no entanto, ele perdeu peso de forma constante, demonstrando que, na presença do selfobjeto sustentador representado por Schweninger, a necessidade de Bismarck de um selfobjeto empático foi respondida e sua tentativa essencialmente ineficaz de substituir o selfobjeto (e as internalizações transmutadoras que são fornecidas) com alimentos (e a atividade de comer) poderia ser abandonada (p. 20).*

Como dissemos, a procura por selfobjetos jamais deixa de existir, mas, com a análise, pode dar-se em novas bases: a busca de satisfação especular poderia repousar subjacente a uma atividade artística ou pedagógica, a de gemelaridade seria encontrável em atividades coletivas artísticas ou desportivas e, por fim, as de idealização, nas atividades políticas, militares e corporativas – desde que envolvam trocas mais maduras e reconhecimento da alteridade.

## *Referências e indicações de leitura*

Kohut, H. (1968/2011). The psychoanalytic treatment of narcissistic personality disorders: outline of a systematic approach. In H. Kohut, *The search for the self: selected writings of Heinz Kohut* (Vol. 1). Karnac.

Kohut, H. (1971/2009). *The analysis of the self.* The University of Chicago Press.

Kohut, H. (1977/2009). *The restoration of the self.* The University of Chicago Press.

Kohut, H., & Wolf, E. (1978/2011). The disorders of the self and their treatment: an outline. In H. Kohut, *The search for the self: selected writings of Heinz Kohut* (Vol. 3). Karnac.

Kohut, H. (1984/2013). *How does analysis cure?* The University of Chicago Press.

Lessem, P. A. (2005). *Self psychology: an introduction.* Jason Aronson.

# SERGE LECLAIRE (1924-1994)

# 16. Psicanalisar: da prática da letra à reescrita da subjetividade

*Gustavo Henrique Dionisio*

Este texto parte de uma provocação involuntária. Quando deparei pela primeira vez com *Psicanalisar*, de Serge Leclaire (1968/2007), fiquei com a nítida sensação de que o autor seria um dos mais presunçosos psicanalistas da história: como alguém se autorizaria a dar tamanho título a um pequeno conjunto de escritos que mal ultrapassava as 100 páginas? Como um autor, seja ele o mais brilhante de toda uma tradição, conseguiria condensar tão brevemente este ofício que a maioria de nós consegue apenas tatear? Não foi necessária, entretanto, muita leitura para que a sensação de provocação viesse dar lugar à grata surpresa de estar deparando com uma reflexão brilhante que, fundamentalmente, desejava mostrar em que medida a psicanálise (de Freud a Lacan) pode ser definida como uma *prática da letra*.

*Psicanalisar* entrega, portanto, o que promete! Não sem flagrante maestria, Leclaire consegue tocar em pontos cruciais da escuta clínica, renunciando inclusive ao lacanês habitual de sua geração por meio de um estilo francamente autoral. Nesse sentido, vale destacar tanto sua coragem quanto sua generosidade, perceptíveis logo no início da discussão: já no primeiro capítulo, narra de forma saborosa certas concretudes da psicanálise em ato, mostrando-nos uma face do analista atravessado por seus pensamentos, devaneios, fantasias, dedicando-se à sua atenção *equiflutuante* – *equi* porque não privilegia nenhum aspecto particular em detrimento de outro –, enfim. Imagine o quanto um analista pode ser criticado ao tornar pública sua forma de trabalhar, revelando as falhas de sua escuta ou de sua analisabilidade! – o próprio Lacan, mestre de Leclaire durante parte de sua formação, como se sabe, não o fizera. De próprio punho, o autor demonstra então os vaivéns possíveis ao trabalho (e ao desejo) do analista, os pensamentos mais ou menos acertados, além de muitos dos equívocos e das hesitações para, enfim, concluir com uma passagem que faço questão de transcrever pelo que nos pode ensinar na condição de praticantes:

> *Psicanalisar... é uma prática deveras incômoda. Basta confiarmos naquilo que acreditamos saber da estrutura psíquica ou da técnica de tratamento, para ver logo que essas referências se revelam inoperantes na prática pelo simples fato, por exemplo, de o paciente participar mais ou menos desse pretenso saber. Se não se toma cuidado com a importância dessa referência comum – implícita ao saber – a psicanálise se instala, bem depressa, no desconhecimento do fato dessa cumplicidade teórica, atingindo os efeitos mais radicalmente obstrutivos, para não dizer alienantes (p. 16).*

Mas, afinal, no que consistiria essa concepção de letra?

Podemos considerar que a superfície da pele, como um limite que representa o equivalente inverso da borda de um orifício, demanda o toque de outra pele durante as experiências primordiais com um bebê. Imaginemos a doçura do dedo de uma mãe a brincar "inocentemente", como nos instantes do amor, com a covinha que se forma ao lado do pescoço da criança. Ao quê assistiremos, por conseguinte? Não raro, ao rosto que se ilumina com um sorriso. Podemos dizer que o dedo, com sua carícia amorosa, vem imprimir nessa cova uma marca, abrir uma cratera sensível, inscrever uma *letra* que parece fixar sua intangível instantaneidade. Ora, é que nesse oco da covinha abre-se então uma zona erógena, marca de um intervalo que desde agora nada poderá apagar e sobre o qual se realizará, de modo eletivo, o jogo do prazer sempre que algo venha reavivar nesse lugar *o brilho do sorriso que a letra fixou* (Leclaire, 1968/2007, p. 60).

Nessa medida, a letra pode ser entendida como limite *e* acesso ao gozo, fronteira que abre a possibilidade de fruir na condição de ser pura diferença de prazer inscrita no limiar do corpo agora erogeneizado. Daí sua relação com o *falo*, pois é precisamente no lugar dessa letra que entrará, como substituto necessário ou como tentativa de obturação, o tão esperado objeto; logo, o objeto é aí formalmente complementar – embora contingente, na realidade –, uma vez que *permite* a satisfação: tomando o lugar da letra, o objeto, imbuído da função fálica, torna o gozo possível ao proporcionar uma medida concreta. Clinicamente falando, Leclaire (1968/2007) ilustra a inscrição da letra por meio de uma "fórmula íntima" (p. 93) emitida por um paciente: *poordjeli*, sigla de seu inconsciente, condensaria a letra desejante que coube a Leclaire analisar; quanto ao aspecto técnico, trata-se de decompor esse significante em suas partes: em torno de seu nome, de seu passado (um avô *J*érémie), de seu interesse por uma moça (*Li*li), e de seu sonho com um unicórnio (*li*corne, em francês); coube então *reescrevê*-los junto a Philippe (o paciente em questão).

Seguindo nessa perspectiva, mas de forma um tanto surpreendente, não seria o objeto que faltaria e, com sua ausência já cavilhada na aparelhagem, inauguraria o desejo. Se nos mantivermos rigorosamente atentos a Leclaire, é preciso concordar que mesmo o desejo já foi inaugurado pela letra (embora deva ser evidente que isso se dá apenas na condição em que houver a *objetalidade no dedo inscritor*). Eis a articulação irredutível entre letra e objeto, ainda que seus tempos estejam em franca diacronia.

Ademais, e contanto que sua relação seja dialética, não se exclui a temporalidade que situa um antes do outro, o que conduz o psicanalista a uma segunda conclusão sobre o que seria *psicanalisar*: essa reescrita da história psíquica de um determinado sujeito é um traçado que urge acompanhar ainda que na impossibilidade, já que os "fragmentos fiéis do que vem a ser a prática do tratamento demonstram que", não obstante e "na realidade, as regras da escuta analítica são impossíveis de ser observadas" (p. 19). A título de exemplo, deve-se reconhecer que o próprio exercício de escuta flutuante não resiste à prova de realidade e revela-se "insustentável", pois, afinal, quem poderia, "de verdade, pretender desfazer-se de todos os preconceitos, renunciar a todos os privilégios íntimos que constituem a ordem de seu mundo, sua maneira toda própria de ver, de sentir, de amar de compreender?" (p. 20).

> *Percebe-se, pois, a dupla exigência que se impõe ao psicanalista. De um lado, é necessário que disponha de um sistema de referência, de uma teoria que lhe garanta a organização do volume do material que recolhe sem prévia discriminação. De outro lado, deve recusar precisamente todo sistema de referência na medida em que a adesão a um conjunto teórico o leva necessariamente, quer queira quer não, a tratar de modo privilegiado*

> *certos elementos. Com isso, está colocada uma questão da qual ninguém poderia fugir:* Como conceber uma teoria da psicanálise que não anule, pelo fato mesmo de sua articulação, a possibilidade de seu exercício? *(p. 22, grifos do original).*

Reconhecer a determinação ideológica prévia a qualquer concepção de neutralidade é a ética de todo praticante. Contudo, em sua paradigmática "esquiva sistemática", o analista nunca estará no lugar onde pensamos encontrá-lo. Servindo de metonímia para o exercício da psicanálise, o grande mérito desse texto é o de pegar pelo avesso a relação entre letra e objeto, fazendo bascular a anterioridade lógica de um pelo outro. Costuma-se entender, no campo lacaniano sobretudo, que o objeto *a* está para o real, assim como o objeto-fenômeno se refere a simbólico/imaginário; Leclaire nos convida a pensar, porém, que aquilo que até então era compreendido como *causa* pode estar mais próximo da representação do que pretende a teoria. Começar uma *práxis* a partir de tais advertências é a indicação que nos dá acerca do que pode ser a escuta. Cabe a nós, seus interlocutores pósteros, avaliar sua pertinência ou não.

## *Referência e indicação de leitura*

Leclaire, S. (1968/2007). *Psicanalisar.* Perspectiva.

# PIERA AULAGNIER (1923-1990)

# 17. Pictograma: processos psíquicos originários

*Adriana Barbosa Pereira*

Na linguagem comum, pictogramas são sinais ou figuras capazes de transmitir uma mensagem de forma simples e direta. As pinturas rupestres são consideradas pictogramas e condensam em poucas imagens cenas vividas ou sonhadas, sendo pensadas como formas originárias de escrita. Em 1900, em *A interpretação dos sonhos*, Freud usou um termo de mesma origem dizendo que "uma coisa pictórica é, do ponto de vista do sonho, uma coisa passível de ser representada [*darstellungsfähig*]" (Hanns, 1996, p. 381).

Na obra de Piera Aulagnier (1979), pictograma foi o termo escolhido para descrever as primeiras formas de inscrição psíquica.[1] Para a autora, a atividade psíquica é constituída por três instâncias: o originário, o primário e o secundário, cujos resultados de representação são, respectivamente, o pictograma ou alucinação, a fantasia e a ideia. O originário não reconhece a presença de um outro corpo e de um espaço separado do seu próprio. O reconhecimento de

[1] Uma marca de memória que pode ser acessada apesar da ausência do objeto que foi experimentado no passado. Ela pode ser acessada como representação ideativa ou "como se" estivesse presente, ou seja, como uma percepção alucinada.

espaços corporais distintos, bem como as fronteiras intrapsíquicas não são próprios dos processos originários, nem dos primários. Se no originário há identidade de percepção, no primário a fantasia concebe a representação dos mundos interno e externo submetidos ao desejo de um deles na tentativa de negar a separação. A incapacidade de fazer presente um objeto não é reconhecida pelos processos originários e primários.

A diferença entre os processos originários e primários é muito pequena e a instalação de um não promove a desaparição do precedente. A representação, nessa abordagem, é uma inscrição e metabolização psíquica da experiência com os objetos na ausência real deles, o que inclui o alucinar. Os processos primários funcionam por meio de representações de coisa e os processos secundários como representações de palavra. Já os processos originários, cuja representação é do tipo pictograma, se assemelham aos primários como inscrição psíquica do objeto, com a diferença fundamental de que nesse modo de funcionamento arcaico não há fronteira entre mundo interno e mundo externo. O modelo mítico do pictograma é o momento inaugural de encontro entre boca e seio e seu posterior reinvestimento alucinatório, criando uma zona sensorial indistinta boca-seio, na qual estão copresentes afeto, sentido e cultura. Apesar de o pictograma funcionar por identidade de percepção, Aulagnier inclui os processos alucinatórios dentro do modelo representacional freudiano, o que se assemelha à ideia freudiana de figuração (*Darstellung*).[2]

Para Aulagnier, é desconhecendo a necessidade do corpo e dedicando-se a um estado que a psique deseja reencontrar, que se situa a alucinação. Todos os processos psíquicos, na concepção dessa autora, têm o caráter representacional, ou seja, é a condição psíquica de construção do psiquismo independente das necessidades do

---

2 Sobre esse tema, ver Pereira (2006).

corpo biológico, pelo menos de modo provisório. A psique passa a existir quando consegue silenciar o corpo da necessidade. Ao mesmo tempo, o pictograma tem a função de organizar todas as percepções e sensações nas quais o corpo está envolvido. Assim, a alucinação da satisfação responde às exigências do corpo pulsional e é um mecanismo psíquico inaugural da realidade psíquica. A alucinação é uma derivação do desejo e, paradoxalmente, advém de uma tentativa frustrada de liquidá-lo. A exclusividade desse funcionamento pode manter o psiquismo em condições muito restritas de satisfação e repetição, vale lembrar.

Essa ampliação metapsicológica sugerida por Aulagnier foi fundamental para pensar seu trabalho com pacientes psicóticos, dando sentido às alucinações, e se desenvolveu sobretudo em seu livro *A violência da interpretação: do pictograma ao enunciado*, de 1979. Apesar de a noção de pictograma ser uma decorrência de sua sensibilidade clínica, Aulagnier, como Freud, não pensa esse processo dentro de uma restrição psicopatológica e reconhece esse funcionamento como modo arcaico em todos os psiquismos, como acontece nos sonhos ou em alucinações pontuais, sem alterações mais radicais da consciência, em sessões de análise. Por exemplo, quando um paciente sente um cheiro, ouve uma voz, sente uma dor ou, ainda, quando a intensidade perceptiva de uma memória é muito significativa, estão em funcionamento seus processos originários e alucinatórios, mesmo que na sequência eles possam ser fantasiados e narrados. Essas percepções produzidas pelo mundo interno aparecem tanto como tentativa de reviver experiências de grande satisfação pulsional, quanto como fragmentos perceptivos de experiências traumáticas.

## *Cena clínica 1*

Há muitos anos, quando atendia uma criança em uma condição orgânica grave, vivendo muitas invasões e restrições corporais, cenas de amamentação surgiram várias vezes em fantasias, lembranças ou brincadeiras. Em uma delas a menina de 10 anos conta que, quando esteve sozinha na Unidade de Atendimento Intensivo, era muito ruim, mas que sua mãe, contrariando as ordens médicas, supus que de jejum, lhe dava "mamá no peito e não na mamadeira". Há boas chances de esta ter sido uma cena sonhada ou alucinada pela menina, própria do funcionamento do pictograma, que não reconhece a incapacidade de ter controle sobre o objeto de desejo e no qual não há barreira entre a realidade alucinada e a realidade externa.

## *Cena clínica 2*

A intensa imagem de um caminho em um quintal, uma porta que não deveria ser aberta e a voz proibidora da vó levam, aos poucos, uma paciente à reconstrução de uma cena de abuso. Fragmentos de experiências traumáticas tendem a ser apresentados na clínica do modo típico do originário, com alta intensidade perceptiva. São percepções quase alucinadas em sessão que podem aparecer de forma descontextualizada e, se conseguem entrar em cadeia associativa, levam o paciente a cenas negadas pelo psiquismo que retornam primeiramente como pictograma.

## *Cena clínica 3*

Um menino de 10 anos, com um funcionamento do tipo autístico, sempre que chega às sessões repete compulsivamente os nomes das estações de metrô pelas quais passou no caminho. Ele também desenha de modo frenético os trilhos dos trens e escreve os nomes das estações. Podemos entender a repetição sonora e os desenhos como formas pictogramáticas de apresentar e tentar se apropriar da sua experiência.

## *Referências e indicações de leitura*

Aulagnier, P. (1979). *A violência da interpretação: do pictograma ao enunciado*. Imago.

Aulagnier, P. (1985). *Os destinos do prazer*. Imago.

Aulagnier, P. (1991). Observações sobre a estrutura psicótica. In C. S. Katz (Org.), *Psicose: uma leitura psicanalítica* (2a ed). Escuta.

Hanns, L. A. (1996). *Dicionário comentado do alemão de Freud*. Imago.

Pereira, A. B. (2006). *Sobre o potencial teórico da noção de alucinação desde Freud* (Dissertação de mestrado). Instituto de Psicologia, Universidade de São Paulo.

Zimerman, D. E. (2001). *Vocabulário contemporâneo de psicanálise*. Artmed.

# 18. A alienação

*Paula Regina Peron*

A obra de Piera Aulagnier é vasta e complexa, o que requer necessariamente recortes de leitura. Neste texto, nosso recorte será a questão da alienação, que também é abrangente, mas será tematizada como um dos destinos psíquicos do prazer.

O ponto de partida para tematizar a alienação seria a instância psíquica do eu, que, segundo Piera (1979), tem lugar privilegiado na organização de nosso mundo interno e na organização do campo social. O eu é teorizado em sua obra também em suas relações com o desejo. Para que preserve seu lugar na cena psíquica, necessita investir e pensar. Condenados a investir em nossas relações, temos o risco de alienação ao outro investido. Por outro lado, necessariamente o eu nasce a partir de uma alienação ao desejo parental, como veremos a seguir.

A psicanalista afirma que nascemos no que ela denomina espaço falante, no qual o eu se constitui a partir do discurso do qual participam os desejos dos principais cuidadores, e esses desejos operam entre eles e em relação ao bebê. Precede o nascimento do sujeito um discurso que a mãe (ou outros no lugar de recepção da criança) projeta sobre o corpo do *infans*, discurso que a autora denomina sombra falada: "O que chamamos de sombra é, portanto, constituído de uma série de enunciados que testemunham o desejo materno referente à criança; eles constituem uma imagem identificatória que antecipa o que será enunciado pela voz deste corpo, ainda ausente" (Aulagnier, 1979, p. 113). Ressalto que, para Aulagnier, o eu não é apenas alienado neste discurso:

> *minha diferença com Lacan é que, para mim, o Eu não está condenado ao desconhecimento, nem é uma instância passiva. Ainda que seus primeiros identificados sejam providos pelo discurso materno, o Eu também é uma instância identificante e não é um produto passivo do discurso do Outro (citada em Hornstein, 2010, p. 63).*

Aulagnier destaca que, para que o eu esteja vivo, é necessário ter sido investido por este porta-voz que antecipa pensamentos com função identificatória, antes que o eu possa "pensá-los ou inventá-los" (Aulagnier, 1985, p. 139), ou seja, há uma voz que testemunha a fundação de sua história.

Piera Aulagnier propõe três registros psíquicos: originário, primário e secundário, que não descreveremos aqui. Progressivamente, o psiquismo vai construindo condições de assimilação da realidade e, no registro secundário, a noção de realidade será formada a partir da distância em relação ao desejo do principal cuidador. Aulagnier (1979) assegura que a "realidade do Outro é, para nós, a realidade da diferença presente entre o desejo da mãe e o desejo do *infans*" (p. 75). Se essa diferença inexiste ou é muito pequena, o jogo pulsional ficará estanque e desaparecerá o terceiro polo – um espaço fora do prazer que faz a criança figurar um outro objeto para o desejo do adulto, o que fornece entrada para a castração. Essa operação de desalienação ao desejo referido por ela como materno filia o sujeito ao código linguístico compartilhado e permite as ideações próprias do modo secundário de funcionamento psíquico, ou seja, cadeias de enunciados. Na psicose, há uma permanência no registro da alienação inicial: "O psicótico, e penso aqui especialmente na esquizofrenia, conhece o abuso de poder que se exerceu e que se exerce contra seu Eu, e a impotência que lhe é imposta" (Aulagnier, 1985, p. 29).

Na vida psíquica posterior, a alienação pode novamente ser buscada. Aulagnier afirma que há três destinos que a busca de prazer pode impor ao nosso pensamento e aos nossos investimentos: alienação, amor e paixão. Alienação e paixão seriam protótipos das relações de assimetria, e "a força alienante tanto quanto o objeto investido passionalmente têm a estranha propriedade de satisfazer conjuntamente os objetivos de Eros e de Tânatos, tornando assim possível uma temporária - e sempre precária - implicação pulsional que impõe silêncio ao conflito do mesmo nome e ao conflito identificatório" (Aulagnier, 1985, p. 13).

Em uma condição de alienação, há novas referências identificatórias, às custas do desinvestimento do próprio projeto identificatório (equivalente aos ideais do ego em Freud) e de um tempo futuro, a partir de uma idealização maciça do projeto já supostamente realizado pelo outro alienante. O desejo de alienar e o desejo de autoalienação visam à exclusão de qualquer causa de dúvida, de conflito e de sofrimento, o que custa ao eu a morte de partes de sua atividade de pensar. A alienação visa à abolição do conflito entre o eu, seus desejos e os desejos do eu dos outros por ele investidos. A experiência de análise, para Aulagnier, se pretende a serviço da desalienação, mas pode conduzir a uma relação alienante-alienado, já que "é sempre em nome de uma 'boa causa' que se aliena o pensamento" (Aulagnier, 1985, p. 34).

O destino da alienação supõe um sujeito cujos

> *acontecimentos singulares de sua estória pessoal erodiram sua tolerância ao conflito, e... [cuja] realidade ambiente que ele encontra o confronta efetivamente a injunções absurdas e paradoxais, a demandas cuja desmedida torna impossível qualquer resposta que não seja marcada pelo compromisso que efetua a atividade de pensar... (Aulagnier, 1985, p. 18).*

Diferentemente da psicose, a alienação preserva um estado de desconhecimento total do alienado sobre o que aconteceu ao seu pensamento, ao passo que o psicótico pode perceber a dependência, a exclusão e a mutilação impostos à sua atividade de pensar.

Aulagnier traz de sua clínica um exemplo de alguém que provoca relações passionais, e afirma que pessoas assim não nos consultam diretamente em função dessas paixões. Refere-se a ele como sr. X, cujo discurso parecia o eco de outros discursos sobre paixões, com a peculiaridade da ausência do sofrimento. A busca pela análise deu-se em função de uma insônia persistente e Aulagnier apresenta-o como alguém que provoca a alienação, para repetir a possibilidade de ser um outro indispensável, um objeto de necessidade, "cuja ausência seria fonte de sofrimento, seu abandono fonte de morte e sua presença fonte de uma alegria sem limites" (Aulagnier, 1985, p. 202), em uma vivência reparadora de inúmeros lutos vividos – da mãe na infância, do pai dois anos depois, do irmão mais novo na sequência.

Por outro lado, em nossas clínicas recebemos sujeitos que estão fortemente alienados em uma relação na qual depositam a ilusão de ausência de conflitos e alinhamento completo de desejos, muitas vezes às custas da percepção da realidade circundante, da condição de pensamento e de projetos identificatórios singulares. O polo alienante muitas vezes é ocupado por uma pessoa, mas pode ser ocupado por um discurso institucional (de uma instituição política ou de trabalho, por exemplo). O par alienante-alienado tenta a exclusão de qualquer conflito interno a si e a cada um dos componentes, o que certamente o processo de análise deve visar desconstruir, e não reproduzir.

## *Referências e indicações de leitura*

Aulagnier, P. (1979). *A violência da interpretação: do pictograma ao enunciado.* Imago.

Aulagnier, P. (1985). *Os destinos do prazer.* Escuta.

Hornstein, L. (2010). Diálogo com Piera Aulagnier. In M. L. V. Violante (Org.), *Desejo e identificação* (pp. 57-70). Annablume.

Violante, M. L. V. (2001). *Piera Aulagnier: uma contribuição contemporânea à obra de Freud.* Via Lettera.

# MADELEINE BARANGER (1920-2017) E WILLY BARANGER (1922-1994)

# 19. O campo dinâmico

*Gina Tamburrino*

O conceito de campo analítico se define por uma *situação* criada entre analista e analisando. Essa situação apresenta uma estrutura espacial, temporal, funcional e é orientada por linhas de força e dinâmicas próprias. Analista e analisando estão fortemente ligados e são complementares enquanto a situação (analítica) durar e estiverem envolvidos num mesmo processo dinâmico (Baranger & Baranger, 1961-1962/2010).

Temos, assim, *relações espaciais* em que analista e analisando ocupam um lugar comum e mantêm "lugares e posição recíproca constantes" – analisando deitado no divã e analista sentado numa poltrona, atrás do divã. Entretanto, é o campo psicológico criado nessa situação, e não o campo físico, que sustenta e dá vida ao processo analítico. A relação analítica "sofre, na relação transferencial-contratransferencial, modificações vivenciais importantes" (Baranger & Baranger, 1961-1962/2010, p. 188).

Em sua *dimensão temporal*, analista e analisando ajustam regras sobre dias, horários, frequência das sessões etc. Mais além desses ajustes, o tempo é vivenciado transferencial e contratransferencialmente, específico à situação analítica. Um exemplo: Georgia chega dizendo que se sente intrigada com o ocorrido na sessão do dia anterior; ficou assustada ao olhar o relógio e pensar que a sessão teria durado muito mais tempo. Na sequência sente-se angustiada com "a impressão" de ter adormecido no divã. Georgia havia ocupado o divã pela primeira vez.

O campo também se organiza por uma *configuração funcional básica*, contida no compromisso e nos acordos iniciais. O analisando se compromete em comunicar todos os seus pensamentos, e o analista, em buscar compreender de forma profunda suas comunicações e interpretá-las, *quando* possível. O analista também se compromete com o sigilo e de abster-se de intervir na vida "real" do analisando. Ambos esperam, um do outro, que as regras implícitas na relação analítica sejam mantidas: analista e analisando estão limitados a certas ações sobre o outro; o analisando pode, por exemplo, fantasiar a destruição do analista, mas não pode fazê-lo (Baranger & Baranger, 1961-1962/2010).

A regressão se instala como consequência da estruturação desse campo; do lado do analisando, a regressão é esperada e, do lado do analista, espera-se que a regressão "momentânea de seu eu" seja moderada e parcial, a fim de que o funcionamento do "aspecto observador" de seu ego seja mantido. Essa configuração funcional básica ultrapassa a da relação bipessoal no plano da "descrição perceptiva comum" desse campo, pois, embora duas pessoas de carne e osso se encontrem, *outras* emergem em fantasia ou de forma alucinada, no campo (sala de análise). Ambas se dividem vivencialmente em "partes": cada uma delas e as terceiras pessoas que representam aspectos ou instâncias das duas pessoas básicas. Por exemplo, "o analista pode representar o superego do analisando"; em menor escala, o analisando pode representar aspectos ou instâncias do analista. Na base dessa situação opera uma cisão que prevalece na "situação regressiva do analisando" e na "regressão parcial do analista" (Baranger & Baranger, 1961-1962/2010, p. 189).

A fantasia do campo é uma fantasia do par analítico – portanto, uma *fantasia inconsciente compartilhada*. "O que estrutura o campo bipessoal da situação analítica é essencialmente uma fantasia inconsciente", porém é estruturada num processo profundo de "comunicação de inconscientes". A formação dessa fantasia bipessoal é atribuída às identificações e às contraidentificações projetivas e introjetivas recíprocas, entre analista e analisando. Não se trata de "*soma* das duas situações internas", do analista e do analisando, mas de algo que se cria *entre* analista e analisando, "dentro da unidade que constituem no momento da sessão, algo radicalmente diferente do que cada um deles é separadamente" (Baranger & Baranger, 1961-1962/2010, pp. 195-198).

Um exemplo: Mirela deita no divã e convoca a analista para ir ao seu casamento "no ano que vem". A analista é tomada de angústia ao pensar que no ano seguinte não estará viva. Mirela rompe o silêncio que se fez: "vejo-a vestida de vermelho, pronta para uma festa"; subitamente, senta-se no divã, de costas, olha para trás e mira a analista nos olhos: "desculpe"; volta a se deitar. A analista estava muito doente, e ser convocada para o "ano que vem" lançou-a no âmago de suas angústias. Mirela, por sua vez, tinha uma história de desamparo e abusos sofridos, desde a infância. Assim, a fantasia inconsciente compartilhada se organizou por meio da comunicação de inconscientes entre a dupla e da identificação introjetiva da analisanda que, neste caso, funcionou como depositário das angústias da analista; tema não explorado neste trabalho (Tamburrino, 2016).

No campo dinâmico se formam as resistências compartilhadas (baluartes), também criadas pela dupla. O par resistência-contrar--resistência leva à formação do *baluarte*: e um conluio entre as resistências do analisando e as resistências do analista cria uma "formação cristalizada" dentro do campo analítico e paralisa a sua dinâmica. Ocorre que analista e analisando ficam dando voltas ao redor dessa estrutura escindida, sem poder integrá-la ao processo (Baranger & Baranger, 1961-1962/2010). Quando o processo analítico paralisa, o analista deve "interrogar-se acerca do obstáculo, englobando em seu 'segundo olhar' a si mesmo e a seu analisando" (Baranger, Baranger & Mom, 1982/2002, p. 114). O segundo olhar permite que a resistência compartilhada seja dissolvida e o campo analítico retome o processo de análise paralisado.

A mola propulsora do processo analítico comparece, portanto, constituída "pela produção de resistências e *baluartes* [resistências compartilhadas] e sua correspondente dissolução interpretativa" geradora de *insight* (Baranger, Baranger & Mom, 1982/2002, p. 125). Um breve exemplo: as sessões com Dolores são queixas de todos os atendimentos que realiza no serviço de saúde. Essa fala recorrente nunca me havia "atingido" até que Dolores falta à sessão novamente sem avisar. Na sessão seguinte, enquanto Dolores se queixa, "me pego" com um incômodo físico difuso, taquicardia, frio congelante e a sensação de que meus dedos iriam se quebrar. Sou surpreendida por uma imagem em que eu havia me transformado numa caveira, sentada em minha poltrona, enquanto pensava horrorizada: vou atender Dolores, mesmo depois de morta. Um baluarte estruturou-se para não lidar com a quebra da ilusão onipotente. Dolores não podia receber tudo e eu não podia oferecer tudo (Tamburrino, 2016).

O campo analítico enfatiza "o terceiro presente-ausente no campo bipessoal" (Baranger & Baranger, 1961-1962/2010, p. 213), onde as vivências do analista e do analisando se revelam nas fantasias inconscientes compartilhadas que comparecem na mobilidade ou cristalização (baluartes) do campo analítico.

## *Referências e indicações de leitura*

Baranger, M., & Baranger, W. (1961-1962/2010). A situação analítica como campo dinâmico. *Livro Anual de Psicanálise, XXIV*, 187-214.

Baranger, M., Baranger, W., & Mom, J. (1982/2002). Processo e não-processo no trabalho analítico. *Revista FEPAL*, 114-131.

De León de Bernardi, B. (2010). Introdução ao artigo de Madeleine e Willy Baranger. *Livro Anual de Psicanálise, XXIV*, 165-176.

Tamburrino, G. (2016). *Enactments e transformações no campo analisante*. Escuta.

# HAROLD SEARLES (1918-2015)

# 20. Quando o paciente se torna analista do analista: pensando com Harold Searles

*Douglas Rodrigo Pereira*

Baseado em seu trabalho com pacientes esquizofrênicos, Harold Searles ousou criar, colocando em pauta temas pouco discutidos na psicanálise, como o sentimento de culpa, a inveja, o amor e o ódio do analista. Dentre as importantes contribuições desse autor para a prática clínica, apresentamos aquela que consideramos a mais ousada e fértil: a necessidade de o paciente se tornar analista do analista.

O artigo "O paciente como terapeuta de seu analista" (1975/1979) contém o ápice da construção teórica e clínica de Searles. Nele, com efeito, encontramos a seguinte hipótese: desde os primeiros meses de vida, existe uma tendência psicoterapêutica para cuidar dos outros humanos com os quais nos relacionamos.

> *Estou formulando a hipótese de que o* paciente está doente porque *seus próprios esforços psicoterapêuticos foram submetidos a tais vicissitudes que se tornaram excessivamente intensos, frustrados de realização ou mesmo reconhecimento e, portanto, misturados com*

> *componentes indevidamente intensos de ódio, inveja e competitividade. Eles foram, portanto, submetidos a (ou mantidos sob, desde o início da consciência) repressão. Em termos de transferência, a doença do paciente expressa sua tentativa inconsciente de curar o médico (p. 380, grifos do original).*

Cuidar, aqui, significa auxiliar no contínuo processo de integração e diferenciação. Quanto mais doente a pessoa está, mais sabemos que os seus esforços psicoterapêuticos não puderam ser reconhecidos e usados pelos adultos significativos no momento mais originário da vida do paciente, aquele que se refere ao estado simbiótico mãe-bebê.

Para Searles, em linhas gerais, a esquizofrenia se configura como uma modalidade de adoecimento na qual dois processos psicológicos não foram devidamente constituídos: (1) *a integração*: vive-se de forma fragmentada, pois não há um eu minimamente capaz de reunir as experiências em uma unidade; (2) *a indiferenciação*: não se diferencia presente e passado, interno e externo, pensamento e ação, objetos inanimados e seres humanos. A simbiose mãe-bebê refere-se ao originário, a base humana intersubjetiva que permite a conquista das capacidades integrativas e diferenciadoras, fundamentais para a constituição de um eu minimamente integrado e diferenciado dos outros. Na esquizofrenia, porém, houve algum tipo de problema grave no estabelecimento da simbiose ou na saída dela. Por um lado, a simbiose é natural, saudável e constitutiva; por outro, em decorrência das vicissitudes das histórias da interação mais primitiva entre pais e bebê, pode-se criar um tipo de simbiose patológica que impede que o pequeno humano alcance as capacidades de se integrar e se diferenciar.

O bebê ajuda os pais a se tornarem mais integrados e diferenciados para que estes últimos possam se tornar melhores modelos identificatórios. Dito de outro modo: o bebê, no momento inicial de simbiose, movido por sua tendência psicoterapêutica, tende a ajudar os humanos que o geraram a se transformarem em pais. O paciente em análise, da mesma forma, compartilhando com o analista um tipo de relacionamento transferencial-contratransfe-rencial de natureza primitiva, portanto originária, cuida do analista, procurando ajudá-lo a desfazer dissociações e entrar em contato com aspectos reprimidos de si.

Por ter acesso aos seus estados mais primitivos de interação humana, os pacientes psicóticos têm a capacidade de captar aspectos inconscientes do analista (conteúdos dissociados ou reprimidos). É por esse tipo de captação do dissociado e do reprimido que esse tipo de paciente consegue identificar elementos de seu analista que precisam ser curados.

Na história dessas pessoas, segundo Searles, os pais, inconscientemente, não aceitaram esse tipo de cuidado ofertado por seus filhos. Como analistas de pacientes psicóticos, ou neuróticos em momentos regressivos simbióticos, cabe-nos reconhecer e aceitar o cuidado que eles nos fornecem como pessoas reais, ou seja, não como projeções de conteúdos inconscientes. Isso é fundamental para Searles: se os pacientes tentaram cuidar dos pais, agora tentam cuidar do analista, não como uma construção mental, mas como uma pessoa real com a qual se relaciona.

É preciso considerar duas dimensões das experiências vividas em uma análise: uma transferencial e outra não transferencial, ou seja, uma baseada nas atualizações das relações objetais primitivas e outra ancorada no atual modo de relacionamento estabelecido pela dupla analítica. Precisamos estar atentos às flutuações entre as manifestações da transferência-contratransferência e os fenômenos relacionados ao presente não transferencial.

Vejamos um exemplo clínico que nos ajuda a compreender a ideia de Searles.

Em determinado momento da análise, tempo regressivo conturbado, havia o risco de um paciente psicótico se matar. Apesar de ter feito todas as intervenções necessárias para manter o paciente em segurança (aumento do número de sessões, manejo ambiental, discussão e condução do caso com o colega psiquiatra e orientação familiar), o analista sentia-se amedrontado com a possibilidade de suicídio do paciente.

Certo dia, num atendimento no final da tarde, ele entra no consultório e se senta no divã. Como de costume, o analista o deixa livre para usar a sala ao seu modo. O paciente fica calado, algo que não era comum em suas sessões. Deita no divã de frente para o analista, de modo que ambos continuam se vendo. Após alguns minutos, depois de compartilhar algumas dificuldades de natureza relacional, pede para encerrar a sessão um pouco antes de nosso horário habitual (uma hora e meia). O analista lhe pergunta: "Tudo bem, mas o que aconteceu que você deseja ir embora agora?". O paciente responde: "Vejo que você está cansado". Isso era um fato visível. Em seguida, o paciente comenta: "outra coisa: às vezes as pessoas ficam cansadas e chateadas mesmo. Espero que você possa ir para casa e descansar, viu? Você também precisa se cuidar". O analista diz: "obrigado, é verdade, inclusive preciso estar melhor amanhã para termos a nossa sessão".

Além do cansaço, que era consciente, o analista estava, de fato, num momento de desânimo e pouco disponível para estar com o paciente. Esse estado emocional do analista se relacionava com o cuidado dispensado a outros dois pacientes graves atendidos naquele período de trabalho. O analista apenas pôde perceber isso após o término da citada sessão. O paciente captou o estado emocional do analista e pôde cuidar dele, e assim o fez para que pudesse ter um analista vivo e trabalhando.

## *Referências e indicações de leitura*


Balbuena, F. R. (2018). Harold Searles: lifelong work of a master clinician. *The American Journal of Psychoanalysis*, *78*, 287-306.

Pereira, D. R., & Coelho Junior, N. E. (2022). Intersubjetividade no pensamento clínico de Harold Searles: ressonâncias contemporâneas. *Revista Latinoamericana de Psicopatologia Fundamental*, *25*(1), 43-65.

Searles, H. F. (1958/1965). The schizophrenic's vulnerability to the therapist's unconscious processes. In H. F. Searles, *Collected papers on schizophrenia and related subjects*. Karnac.

Searles, H. F. (1975/1979). The patient as therapist to his analyst. In H. F. Searles, *Countertransference and related subjects: selected papers*. International Universities Press.

# SERGE VIDERMAN (1916-1991)

# 21. Verdade, construção e sentido em psicanálise: elementos para um debate

*Mauricio Rodrigues de Souza*

O que exporei nas próximas linhas é um recorte do pensamento de Serge Viderman pautado nas reflexões feitas pelo autor em seu livro mais conhecido no Brasil: *A construção do espaço analítico* (1970/1990), o qual se ocupa da maior ou menor objetividade das construções e/ou interpretações em psicanálise no que se refere ao resgate de conteúdos anteriormente reprimidos. Em outros termos, trata-se do questionamento quanto à possibilidade ou não de uma verdadeira tradução consciente do material psíquico da "outra cena" (aquela do inconsciente).

Com efeito, pergunta Viderman: será mesmo possível reconstruir clinicamente a história de um paciente? Em caso afirmativo, sobre que bases? É levando em conta tais questões que o psicanalista romeno se dedica à dinâmica do fenômeno transferencial – que, de empecilho inicial ao trabalho analítico, galgaria posteriormente o *status* de importante ferramenta para uma suposta recuperação de vivências até então inacessíveis à memória. O problema para Viderman é que, acompanhando de perto essa progressiva ênfase instrumental na transferência, teria sido criado ao longo do tempo o ideal de um analista livre de ambiguidades que recolheria com absoluta transparência a essência do passado projetado pelo paciente.

Alcançamos aqui um importante momento do trabalho de Viderman, o qual lembra que a busca da verdade em psicanálise e, por derivação, a própria constituição do *setting* psicanalítico não aparecem ao sabor do acaso, e sim balizadas por um arsenal teórico previamente definido. Essa constatação é decisiva, já que serve para que o autor defenda a relação transferencial entre analista e analisando não mais como fonte de "descoberta", mas de *criação* em termos de sentidos a serem ofertados para as dores daquele que sofre. Uma consequência de tal discussão aparece então na ênfase de Viderman na importância da contratransferência, já que não somente a teoria delimitaria previamente o campo analítico, mas também a própria pessoa do analista o faria de maneira mais ou menos direta.

Ainda segundo Viderman, negar tais constatações significaria incorrer em dois graves erros: desconsiderar a evidência de que foi pela decisão unilateral do analista que um quadro como o descrito se impôs e, não menos importante, desconsiderar também que é, pelo menos em parte, da atitude e das decisões daquele ou daquela que se encontra por detrás do divã que dependerá todo o desenrolar do tratamento. Nesse sentido, não seria possível separar os meios dos fins: aquilo que se obteve daquilo *pelo qual* e *por quem* foi obtido. Temos assim que o paradoxo da situação do analista residiria na dificuldade em encontrar uma espécie de ponto de Arquimedes capaz de sustentar o equilíbrio entre a observação e a participação, o que somente confirmaria o coeficiente de incerteza ao qual estaria submetida qualquer descoberta do sentido em psicanálise.

Diante dessa aporia, avança Viderman, destaca-se o problema da acentuação excessiva quer seja da interpretação, quer seja daquele que a profere. É com isso em mente que Viderman se volta a alguns pormenores da relação entre psicanálise e linguagem, identificando esta última como uma rede de inteligibilidade de segunda ordem que, embora recorrentemente lançada sobre o inconsciente no dia a dia da prática clínica, não equivaleria necessariamente às qualidades brutas da pulsão. Assim, em termos de atribuição de sentido para as queixas e os sintomas descritos pelo paciente, o que seria possível sustentar seriam apenas conjecturas que, por sua vez, significariam não portos seguros, mas novas ambiguidades para um sentido que não estaria em outra parte senão *na própria leitura* feita pelo analista.

Logo, contrariando a perspectiva anteriormente defendida por Freud (1937/2018), eis aí a proposta de que a história que se faz no tratamento psicanalítico não seria a reconstituição arqueológica de um edifício devastado pelo tempo, cujo conjunto desaparecido pudesse ser recolocado no lugar pela descoberta de uma coluna. Pois, de acordo com o construtivismo de Viderman (1970/1990), na interpretação da fantasia o significante não conduziria a um conceito significado que existisse independentemente: ele o faria existir *ao dizê-lo*. A partir dessa ótica, podemos então melhor compreender o enorme peso concedido por Viderman ao aparato conceitual que precede à interpretação, a qual aparece agora como uma representação artificial, mas não arbitrária, que visaria reunir *na palavra* a pulsão estilhaçada pelas defesas do paciente. Com efeito, no que tange à atividade clínica do analista, não haveria separação rígida entre mentira e verdade, mas uma dialética de contrários em que a mentira, à sua própria maneira, também seria uma verdade a ser construída *na e pela situação analítica*.

Acrescento uma vinheta clínica para melhor ilustrar essas ideias: Maria (nome fictício) era uma mulher de 55 anos que procurou a análise pela via de um sintoma específico que lhe afetava bastante:

uma disfluência verbal (gagueira). Ela trabalhava como massoterapeuta e residia com o pai, com quem mantinha um convívio conflituoso. Ambos moravam sós na velha residência da família desde que a mãe falecera, quando Maria ainda era uma adolescente. Diante disso, para além da disfluência verbal, também mobilizava bastante a paciente a questão da casa própria, projeto de vida que Maria vinha alimentando há vários anos. Pois bem, à época dos atendimentos, Maria estava prestes a receber as chaves de sua nova morada e não conseguia decidir se o pai iria ou não residir com ela, o que a angustiava.

Até que, no início de determinada sessão, Maria pergunta: "Doutor, o senhor não quer casar comigo e ir morar lá na minha casa nova?". E se pôs a rir, como se tal convite fosse uma piada. Após certo silêncio, sem sorrir de volta, lancei a ela a seguinte questão: "Maria, será que você estaria dizendo com isso o quanto necessita de uma companhia masculina para lhe acompanhar nesta nova morada?". Maria então interrompeu o riso e pareceu refletir sobre o que lhe foi colocado, acrescentando o quanto foi difícil quando sua mãe faleceu e ela teve de morar sozinha com o pai, o quanto se preocupava em deixá-lo sozinho e, no entanto, o quanto não suportava mais o convívio com ele. Pois bem, em nosso encontro posterior, Maria trouxe um sonho que teve nos dias que se sucederam. Nele, após negociar com o pai que ele permaneceria na antiga residência sob a responsabilidade de uma cuidadora profissional, Maria enfim se mudava para a sua nova casa.

Ou seja, temos aí, creio eu, para além da realização de um desejo até então reprimido, um bom exemplo de como o inconsciente ao mesmo tempo constrói o processo analítico e é construído por ele. De volta a Viderman (1970/1990), é exatamente em tal movimento que se localizaria a fértil potência da psicanálise tanto como modalidade terapêutica quanto na sua qualidade de ramo de pesquisas. Sua principal virtude? Amparar-se não (apenas) no rigor técnico, formalista e generalizante, mas em um apreço pelo individual que, pronto a assumir o risco do erro, adquire ares de uma estética da criação.

## *Referências e indicações de leitura*

Freud, S. (1937/2018). Construções na análise. In S. Freud, *Obras Completas* (Vol. 19). Companhia das Letras.

Viderman, S. (1970/1990). *A construção do espaço analítico*. Escuta.

Viderman, S. (1976/1995). O sentimento trágico da interpretação. In R. Major (Ed.), *Como a interpretação vem ao psicanalista* (pp. 189-223). Escuta.

# DIDIER ANZIEU (1923-1999)

# 22. O Eu-pele: entre o somático e o psíquico

*Thiago da Silva Abrantes*

Qual é o continente do psiquismo? Essa é a pergunta que atravessa a formulação do conceito de Eu-pele de Anzieu (1985/2000), que pretende superar as dicotomias interior/exterior, somático/psíquico, para pensar como se dá a formação do psiquismo do sujeito. Nada melhor do que usar a nossa fronteira última e primeira, a pele, elevada à categoria de conceito fronteiriço, como tentativa de situar a origem do humano.

O Eu-pele é uma estrutura intermediária do aparelho psíquico entre as figuras de cuidado e o bebê, delimita a separação entre Eu e não Eu, e possibilita ao bebê a formação de seu esquema imagético corporal. O conceito de Eu-pele busca teorizar como, durante os períodos precoces, o desenvolvimento do psiquismo e de suas capacidades de representar ocorrem a partir da organização narcísica, o envelope narcísico, que garante ao Eu alguma unidade.

> *Por Eu-pele designo uma representação de que se serve o Eu da criança durante fases precoces de seu desenvolvimento para se representar a si mesma como Eu que*

> *contém os conteúdos psíquicos, a partir de sua experiência do corpo. Isto corresponde ao momento em que o Eu psíquico se diferencia do Eu corporal no plano operativo e permanece confundido com ele no plano figurativo (Anzieu, 1985/2000, pp. 61-62).*

Anzieu parte do princípio de que a pele do bebê recebe uma grande quantidade de estímulos internos e externos desde o seu nascimento, ela é o primeiro local em que ocorrem as trocas e os contatos entre os mundos interior e exterior, e fornece uma primeira contenção entre dentro/fora. O bebê começa a ter a percepção de sua pele como superfície por meio das primeiras experiências de contato com as figuras de cuidado; a pele já funciona como uma superfície limitadora e é o solo de base para a formação do psiquismo, o qual tem uma origem epidérmica e proprioceptiva. Os cuidados prestados ao bebê acompanham uma diversidade de estímulos, com sensações variadas, e a pele é o órgão que possibilita a existência de um espaço psíquico originário. "Para o psicanalista, a pele tem uma importância capital: ela fornece ao aparelho psíquico as representações constitutivas do Eu e de suas principais funções" (Anzieu, 1985/2000, p. 127).

A pele é vista como a base orgânica que promove a constituição do Eu. A superfície do corpo contém em si uma delimitação entre dentro/fora do corpo orgânico e passa a ter uma base imaginária. O Eu-pele é a precondição do narcisismo próprio da constituição psíquica. Anzieu diz que o estabelecimento do Eu-pele atende à demanda de um envelope corporal que garante sustentação ao psiquismo, assegurando as bases necessárias para a elaboração imaginativa do corpo.

Os limites da imagem do corpo são adquiridos nas experiências de fusão e desfusão do bebê com as figuras de cuidado. A experiência da pele carrega uma dimensão paradoxal, pois há um entrelaçamento entre o que é de si e o que é do outro em um mesmo acontecimento. O Eu-pele é a ponte entre o corpo orgânico e o Eu psíquico: "Este pré-Eu corporal é um precursor do sentimento de identidade pessoal e do senso de realidade que caracterizam o Eu-psíquico propriamente dito" (Anzieu, 1985/2000, p. 83).

O Eu-pele, a partir de suas nove funções, formaria o Eu psíquico. Primeira: da mesma forma que a pele sustenta os ossos e os músculos, o Eu-pele sustenta e mantém o psiquismo. O bebê precisa de um contato corporal seguro com o ambiente, que o prepara para ter uma vida psíquica própria. Segunda: função continente exercida pelo *handling* maternal, o Eu-pele é representado como uma casca e o id seria o núcleo: o Eu-pele "só é continente se houver pulsões para serem contidas e localizadas em fontes corporais, mais tarde diferenciadas" (Anzieu, 1985/2000, p. 133). Terceira: paraexcitação. A camada superficial da epiderme protege o corpo contra agressões físicas e excesso de estímulos. Quarta: individuação, responsável pelo sentimento de se sentir único. Quinta: intersensorialidade. O Eu-pele é uma superfície psíquica que faz ligações entre as diversas sensações e garante uma maior integração entre os diferentes órgãos de sentido. Sexta: sustentação da excitação sexual. No contato da pele do bebê com a figura de cuidado, ele sente excitação ao tato; se o ambiente acolhe e responde suficientemente a essa excitação, o prazer é sentido. Essa função prepara o autoerotismo e os prazeres sexuais têm como base os prazeres da pele. Sétima: recarga libidinal do funcionamento psíquico. A pele é uma superfície de estimulação permanente do sistema sensório-motor, suas excitações externas recarregam a libido do psiquismo. Oitava: inscrição dos traços sensoriais táteis. A pele tem diversas sensações – tato, calor, frio, dor – e por meio delas fornece informações a respeito do mundo exterior; o Eu-pele faz a inscrição desses traços sensoriais, compondo um retrato da realidade externa: "é o pergaminho originário que conserva à maneira de um palimpsesto os rascunhos rasurados, riscados, reescritos de uma escrita 'originária' pré-verbal feita de traços cutâneos" (Anzieu, 1985/2000, p. 138). Nona: autodestruição. Função negativa do Eu-pele, a serviço da pulsão de morte, que visa o aniquilamento da pele e do Eu.

Cada uma dessas funções compõe um envelope corpóreo que estrutura a imagem que temos de nosso corpo, estruturando nossa identidade. A depender do papel, das debilidades, dos abalos do ambiente, nas funções do Eu-pele podem acontecer o que Anzieu chamou de "patologias do envelope". Elas têm como característica o predomínio de um sentimento de despersonalização, indiferenciação Eu/não Eu, fantasias de esvaziamento ou persecutórias, megalomanias. Vamos a uma de suas vinhetas clínicas.

Errônea, quando criança, era forçada a tomar banho antes de seu irmão e, para que a temperatura fosse ideal para ele, a água era muito quente e ela era forçada a tomar seu banho mesmo assim. Quando se queixava, era chamada de mentirosa, se chorava, era manhosa, ao sair cambaleante da banheira, chegou a ser acusada de não ter caráter e energia pelo pai. Ele proibiu Errônea de tomar banhos quentes quando ela cresceu, pois amoleceriam o corpo e o caráter; forçou a filha a tomar banhos frios, fosse inverno ou verão, e o pai controlava abusivamente os banhos da filha. Anzieu relatou que ela tinha grande dificuldade em comunicar seus pensamentos e afetos pelo medo de ele negar a veracidade deles. Por vezes, Errônea viveu em suas sessões um estado entre a alucinação e a despersonalização, a percepção dela sobre si e o mundo se desfazia, ela sentia que estava fora de seu corpo. Vemos aqui o comprometimento da oitava função do Eu-pele. O tratamento de Errônea progrediu quando Anzieu aceitou ser objeto de uma transferência paradoxal, com isso, Errônea constatou que poderia atingir afetivamente seu analista, mas ele não desfalecia, continuava ali, o que possibilitou a ela construir suas noções de verdadeiro e falso, os limites de seu Eu, já que teve experiências compartilhadas. Tecnicamente, o analista "deve encontrar palavras que sejam equivalentes simbólicos do tocar e que exerçam as funções do Eu corporal e do Eu psíquico que não receberam no passado as estimulações suficientes a seus desenvolvimentos" (Anzieu, 1985/2000, p. 158).

O Eu-pele é um envelope que recebe e emite sinais a partir de sua interação com o meio, age em ressonância com o meio. A postura do outro e as palavras dele permitem ao sujeito reconstituir seu envelope psíquico, pois tecem uma rede simbólica às sensações vividas em uma sessão, viabilizando uma maior integração pela criação de maiores contornos de si.

## *Referência e indicação de leitura*

Anzieu, D. (1985/2000). *O Eu-pele*. Casa do Psicólogo.

# FRANÇOISE DOLTO (1908-1988)

# 23. Imagem inconsciente do corpo como a síntese das experiências subjetivas

*Ana Lúcia Mandelli de Marsillac*

> *É na imagem do corpo, suporte do narcisismo, que o tempo se cruza com o espaço, e que o passado inconsciente ressoa na relação presente. No tempo atual, sempre se repete em filigrana algo de uma relação de um tempo passado.*
>
> Dolto (1984/2002, p. 15)

Françoise Dolto, médica e psicanalista, debruçou-se sobre a clínica psicanalítica com crianças e casos graves, sustentando um trabalho de escuta, tradução e interpretação a ser realizado pelos psicanalistas, a partir da linguagem gráfica, gestual e oral. Tendo o trabalho de interpretação dos sonhos como eixo, destacava o diálogo decorrente das produções clínicas, entendendo que, por meio das palavras, seria possível dizer e acessar a imagem inconsciente do corpo (IIC).

O termo imagem do corpo foi inicialmente empregado por Paul Schilder (1923-1935/1999), designando as dimensões consciente e inconsciente do corpo, sob três esferas: fisiológica, libidinal e social.

Dolto, em 1984, retoma esse termo, dialogando com perspectivas fenomenológicas e com a concepção de estádio do espelho (Lacan, 1949/1998). Suas contribuições situam diferenças entre a imagem escópica e a IIC, uma vez que a imagem do espelho mostra apenas uma única face do sujeito, podendo integrar ou abolir a IIC, a qual envolve a experiência viva do sentir (Dolto & Nasio, 1987/2008).

Dolto diferencia a IIC do esquema corporal (EC), que é uma realidade de fato, é o corpo enquanto mediador entre sujeito e mundo, enquanto viver carnal e orgânico. Ele é responsável pela identificação do sujeito com a espécie, permitindo a objetivação da intersubjetividade, situando os limites entre o corpo próprio e o do outro. A princípio, é o mesmo para os indivíduos de uma mesma idade e cultura. Assim, ele é em parte inconsciente, pré-consciente e consciente.

A IIC não é inerente ao EC, mas guarda estreita relação com ele. É a dimensão singular do corpo inconsciente que articula o EC a uma história e uma libido específicas. Síntese das experiências subjetivas, envolve a encarnação simbólica do sujeito desejante e da memória inconsciente do vivido relacional. Estrutura-se pela comunicação entre os sujeitos e sedimenta os vestígios do dia a dia. Suporte do narcisismo, possibilita um cruzamento e um despertar temporal entre passado inconsciente reprimido e tempo presente. Dessa forma, a IIC está fora da lógica linear de tempo. Revela a dimensão libidinal e imaginária do corpo, projetada em qualquer representação desejada pelo sujeito e manifesta em sonhos, fantasias e desenhos.

Dolto destaca o narcisismo enquanto libidinização do corpo, que passa pela relação corpo a corpo, mediada pela linguagem. Nesse sentido, assegura uma dimensão de ser, de eu, mas também de falta a ser, de desejo, sendo suporte das tensões pulsionais. A IIC é a expressão do narcisismo, articulando, de forma dinâmica e coesa, as pulsões de vida, por meio de três imagens: de base ("mesmice de ser", continuidade narcísica espaço-temporal), funcional (articulação com o EC, em um lugar erógeno e desejante) e erógena (abertura a um prazer partilhado, humanizante e simbólico). As pulsões de morte, por sua vez, remetem à retirada de "qualquer imagem erógena, como no sono profundo, como no desmaio que se segue a uma emoção muito forte" (Dolto, 1984/2002, p. 25).

A fim de qualificar a análise do conceito de IIC, resgato o caso clínico de Luna. Ela refere crises que envolvem uma explosão de agressividade: sente raiva, grita, joga e quebra objetos. Recorda que esses episódios ocorrem após períodos em que se cala, submete-se e concorda com tudo. Esse estado de tensão e acúmulo sofre uma torção que a leva ao extremo da descarga, perdendo a consciência, contorcendo seu corpo e desfalecendo. Guarda na memória algumas cenas, outras lhe são contadas por quem estava por perto. Essa experiência reforça sentimentos de agressividade, culpa, desamparo e apatia ante a vida.

Por meio do trabalho analítico, reflete que o medo está nas suas entranhas. Resgata uma cena de infância, na qual era atormentada à noite por uma grande sombra, que obstruía a porta do seu quarto. Precisava atravessá-la para recorrer à cama dos pais e deitar-se apegada ao corpo materno.

"Atrás da saia da mãe" era seu principal refúgio ante a presença do outro. Confidente da mãe sobre sua vida sexual e seus desgostos, era demandada a tomar posição nas inúmeras brigas entre os pais, que envolviam agressões e ameaças de morte.

A IIC de Luna parece não se articular ao seu EC, ela o transborda em muito, desde suas primeiras memórias. Sente-se observada, julgada, invadida, indefesa. Seu corpo dói, consente às imposições do outro, explode e desfalece. Há um excesso que vem do outro, ante ao qual parece ter poucos recursos subjetivos para se defender e, no limite, a morte lhe parece a única saída.

Por meio da fala, a imagem do corpo apresenta-se, contando-nos sobre os investimentos e os desinvestimentos libidinais, o teor da relação interpsíquica com o outro, o reconhecimento dos pais, bem como as identificações e as defesas.

> *A imagem do corpo é aquilo onde se inscrevem as experiências relacionais da necessidade do desejo, valorizantes e/ou desvalorizantes, ou seja, narcisantes e/ou desnarcisantes. Estas sensações valorizantes ou desvalorizantes manifestam-se como uma simbolização das variações de percepção do esquema corporal e, mais particularmente, daquelas que induzem os encontros inter-humanos ... (Dolto, 1984/2002, p. 27).*

A análise da IIC auxilia-nos no trilhamento do inconsciente, do narcisismo e das relações objetais. Por meio dela, aproximamo-nos da dinâmica das pulsões de vida e de morte. A análise, segundo Dolto, é sustentada pela permissão de falar (desenhar, brincar, jogar) sobre o seu desejo. Nesse sentido, ela transita pelos pontos de interrupção da comunicação ao longo da história de vida, que reduziram ou mesmo interromperam a potencialidade de simbolização da IIC. Esta define-se como o traço estrutural da história emocional do sujeito, o lugar onde se elabora a experiência subjetiva, inter-relacional e linguageira.

A IIC envolve dimensões imaginárias e simbólicas, sendo signo da estrutura libidinal em conflito. Ela é decorrência das trocas humanizantes, o que sublinha a condição carnal do corpo, que é recoberta, significada, por meio da relação de cuidado e inserção na cultura.

> *Esta evolução da erogeneidade não é apenas o desenrolar de um programa fisiológico, ela é estruturada pelo*

> *teor da relação interpsíquica com o outro, sobretudo a mãe, e é deste fato que a imagem do corpo é testemunha (Dolto, 1984/2002, p. 21).*

Luna, em sua frágil condição narcísica, apresenta o desafio da constituição da IIC, quando a experiência de desamparo é avassaladora. A falta de ser ocupa um espaço tão grande, que os limites do corpo se expandem no espaço, ativando no presente a tentativa de elaborar os excessos do passado. Parece contorcer seu corpo como forma de sustentar ou mesmo aprisionar uma IIC que corre o risco de perder-se. Põe em cena a pulsão de morte que faz desfalecer, expondo suas dificuldades em barrar de forma simbólica a fronteira entre ela e o outro.

Dolto ensina que o testemunho da analista atualiza a possibilidade de constituir bordas e deslocamentos na IIC, o que se manifesta na capacidade de desejar, de investir nas relações com os outros, passando através da experiência de rememorar e elaborar. Filigranas de passado articulados, desdobrados em filigranas do presente e do futuro.

## *Referências e indicações de leitura*

Dolto, F. (1984/2002). *A imagem inconsciente do corpo*. Perspectiva.

Dolto, F., & Nasio, J.-D. (1987/2008). *A criança do espelho*. Zahar.

Lacan, J. (1949/1998). O estádio do espelho como formador da função do eu. In J. Lacan, *Escritos* (pp. 96-103). Zahar.

Schilder, P. (1923-1935/1999). *A imagem do corpo: as energias construtivas da psique*. Martins Fontes.

# 24. Castração simbolígena na clínica psicanalítica com crianças

*Christiane Carrijo*

A castração simbolígena ou simboligênica é um conceito imprescindível na clínica de Françoise Dolto e está inter-relacionado com seu outro vocábulo original, o de imagem inconsciente do corpo. Segundo Vallim (2016), como as várias castrações acontecem no percurso do nascimento ao complexo de Édipo, elas podem ser pensadas como uma teoria do desenvolvimento de maneira a conceber e acompanhar o trajeto das sucessivas imagens do corpo, estas atualizadas em cada uma das provas das castrações. Temos as castrações umbilical, oral, anal, primária e edipiana. Precisamos nos perguntar a respeito da definição e da abrangência teórica e clínica desse conceito e procuraremos responder de forma sucinta.

Castração simbolígena significa um processo que é, ao mesmo tempo, fonte e fruto do processo de simbolização; é uma experiência de separação simbólica. Para Dolto (1984/2002), o adjetivo simbolígena é importante para dar o sentido psicanalítico da palavra castração, dada a definição desta última significar a mutilação das glândulas sexuais, ou seja, uma descrição de um golpe no corpo físico. O atributo simbolígena na palavra castração procura marcar processos psíquicos inconscientes e seus efeitos na imagem do corpo. Então, em psicanálise, a palavra castração é um processo que acontece com um ser humano quando outro humano lhe expressa que a realização de seu desejo, sob a forma que ele desejaria ter, é proibida pela Lei. É um dito e um ato significante e irreversível, gerador de Lei, com um efeito operacional na realidade e na linguagem, numa alçada ao simbólico. A criança é proibida de agir como antes, de acordo com o desejo como o tinha, não porque ela não terá nada, mas por existir outra etapa mais à frente a ser alcançada. Entretanto, a proibição de agir de acordo com seu desejo pode provocar nela choque ou revolta e é certo que, se for assim, o processo de recalcamento das pulsões poderá ser afetado. Por isso, Dolto diz que a criança suporta a prova da castração quando constata que o adulto que lhe deu o interdito da pulsão também é marcado pela mesma proibição, também é castrado.

A castração não é um interdito apenas repressivo, muito pelo contrário, implica algo de iniciatório: interditar é proibir algo que antes era possível e, ao mesmo tempo, iniciar e promover uma alçada progressiva para frente, pois pela proibição, pela falta, o sujeito desejante é iniciado na potência de seu desejo e na Lei por vias de identificação com seres humanos também marcados pela Lei. Castração não é igual a sublimação, porém, se existe sublimação, houve uma castração que sustentou a simbolização das pulsões. Assim, a castração dada e recebida não é garantia de uma simbolização que produzirá novas fontes de simbolizações, porque podemos ter uma simbolização bloqueada e considerada patogênica. A clínica doltoniana destaca a preocupação com as condições necessárias e o manejo técnico para as castrações dadas à criança para permitir o acesso à ordem simbólica da Lei humana.

Para existir um efeito e um valor simbolígeno desejáveis, existem condições específicas a serem observadas. A primeira condição: o esquema corporal da criança precisa ter condições de suportar a castração; por exemplo, na oralidade, uma criança que não tenha ficado tempo suficiente com o corpo da mãe não está preparada para passar por essa castração, correndo, inclusive, risco de regressão. Existe o tempo necessário para dar a castração no momento certo e isso está relacionado com a condição da criança de suportá-la por já ter tido uma vivência e uma experiência nesse estágio do desenvolvimento, antes de superá-lo. A segunda é que o adulto que dá a castração seja movido pelo respeito, sirva de exemplo e torne o seu saber acessível à criança; ele também é castrado. A terceira: as castrações precisam ser efetuadas no campo da palavra, mesmo que estas sejam conflitantes; logo, é algo que se efetua no campo de um dito, com a referência da articulação do imaginário, campo no qual se apresentam e se presentificam as imagens do corpo, e do simbólico, pois o sujeito humano não se especifica apenas por falar, mas por ter de viver num mundo falante que é falado (Rassial & Rassial, 1989).

Ressalta-se que decorre de cada uma das castrações efeitos humanizantes, mas, também, sintomas. Descreveremos alguns dos principais pontos de uma delas. A castração oral corresponde ao desmame do seio e é necessário falar sobre a díade, sobre o que vai acontecer nesse par, mãe-bebê. Então, a criança vai se separar do objeto parcial, o seio, e do alimento lácteo e vai renunciar às fantasias de canibalismo em relação à mãe e de consumir algo que se tornou mortífero para seu corpo. Porém, o desmame também implica que a mãe aceite a ruptura desse corpo a corpo e precisamos estar atentos a como ela vivenciou a própria castração oral e se conseguiu se comunicar com o filho de outra maneira que não pelos cuidados corporais. A mãe precisa se desvencilhar da relação erótica com a boca da criança em seu seio para existir o prazer de falar com o filho, guiar seus fonemas, ludicamente, e ficar feliz em vê-lo se comunicar com ela e com outras pessoas. Dessa maneira, a criança consegue simbolizar as pulsões orais em um comportamento linguageiro. Temos uma clínica com a escuta para o outro, mãe, para entender as dificuldades desta em conseguir castrar e em como lidou com sua própria oralidade; a dinâmica do desmame depende muito do modo como ela o fala e o vivencia. As pulsões orais castradas podem se transmutar num comportamento linguageiro e este é o efeito simbolígeno da castração oral; quando dada nas condições específicas descritas anteriormente, coloca a criança no desejo e na possibilidade de falar.

Na análise de crianças maiores que sugam o polegar, Dolto (1984/2002) leva em consideração que elas manteriam a ilusão de continuar a estar no seio da mãe, numa relação autoerótica entre sua boca e suas mãos, e também um "prazer de se assegurar de que sua boca não foi embora" (p. 81). No manejo clínico, conta que procura levar essa constatação para a análise de crianças que querem parar de sugar o polegar: será que sua boca precisa do seu polegar? Ou "Será que é tua boca quem está mais contente de ter o polegar, ou será que é o teu polegar que quer estar ao abrigo na boca?" (p. 81). As crianças se concentram em suas sensações e localizam as proposições. Depois, fala-se sobre o polegar substituir o seio materno, sobre a privação necessária do parar de mamar na mamãe e sobre a partilha e o prazer das palavras com a mãe e outras pessoas, compreendendo que a criança se expressa com desenhos e modelagens e fala a respeito deles na transferência com a analista.

A castração simbolígena marca o lugar complexo do outro pela importância dada à palavra do adulto tutelar, comumente a mãe e o pai e também os educadores, quando estes substituem os pais, nas trilhas inconscientes do psíquico da criança.

## *Referências e indicações de leitura*

Dolto, F. (1984/2002). *A imagem inconsciente do corpo*. Perspectiva.

Rassial, A., & Rassial, J.-J. (1989). Da imagem inconsciente do corpo. In M. Cifali (Org.), *Seguindo os passos de Françoise Dolto* (pp. 149-174). Papirus.

Vallim, M. R. (2016). *Françoise Dolto, uma voz na psicanálise* (Dissertação de Mestrado), Pontifícia Universidade Católica de São Paulo.

# 25. O desejo de existir ou por uma ética clínica que sustente a posição desejante da criança

*Luciana Pires*

A ideia de um *desejo de existir* ou *desejo de nascer* é uma proposição teórica que condensa bem o estilo de fazer psicanálise de Dolto. A psicanalista reconhece no bebê e, em última instância, no ser humano, desde sempre e para sempre, um desejo de existir que tem como efeito a afirmação de um vetor humano que se sustenta em si mesmo.

Imbuída dessa concepção, ela chega a dizer para um bebê nascido nas piores contingências que ele escolheu nascer desse pai e dessa mãe. Gostaria que pausássemos um instante diante do efeito de espanto que tal afirmação produz. Digamos que um bebê nasce em condições precárias quanto ao fomento dos primeiros passos na vida; mesmo assim, Dolto entende que, se esse bebê nasceu e sobreviveu, é porque algo nele desejou lá estar.

Em contraponto, lembra dos tantos recém-nascidos que morrem sem motivo orgânico aparente e do conceito de hospitalismo que Spitz (1945) desenvolveu para dar conta da observação de inúmeros bebês que morriam ao ser entregues a assoberbados cuidados nos abrigos do pós-guerra.

A aposta ética do *desejo de existir* implica a participação do desejo do sujeito (mesmo recém-nascido ou, mais radicalmente, ainda nem nascido) na formulação de seu destino, o que nos afasta do risco de se reduzir o vivido da criança a um determinismo ambiental e histórico. Desse modo, por essa "imputação de desejo" (Grignon, 2002) são produzidos efeitos éticos e políticos de suma importância: as crianças são retiradas da reificação que nossa visão adultocêntrica incute.

Recordo uma frase lapidar de Dolto (1984/2002): o sujeito tem direito a não ter sintomas. Com essa frase, alerta para o risco de que as entrevistas preliminares com pais já concluam o diagnóstico e a direção de tratamento de uma criança. É sempre preciso ouvir a criança; isso parece óbvio, mas nós, psicanalistas que trabalhamos com crianças, sabemos como é oportuna essa advertência no sentido de salvaguardar o ato analítico estrutural, qual seja, o respeito à condição de sujeito da criança.

O caso Leon trata de um menino com um quadro grave de psicose, que mal podia se sustentar na posição ereta. O tratamento segue um curso extraordinário, por meio do qual Dolto aprende que Leon havia passado a infância amarrado a uma cadeira-penico, junto à mesa de trabalho de seus pais costureiros, de tal modo que não precisava sair de lá por nada. Essa condição trouxe a ele uma experiência muito peculiar de ocupação psíquica de seu corpo. Em determinado momento dessa descrição, Dolto (1984/2002) refere-se a um fato lateral, e é ele que quero trazer ao centro de nossa discussão: a irmã mais nova contestou a condição de ser amarrada à cadeira e os pais atenderam a seu apelo, libertando subsequentemente Leon.

Sei que a descrição do modo como Leon foi tratado pelos pais causa estranheza aos leitores contemporâneos, mas devemos ter em mente o contexto sócio-histórico: um tempo de ignorância com relação ao desenvolvimento psíquico de uma criança, além de se tratar de situação de guerra e, portanto, de extrema privação. A nota com relação ao comportamento da irmã, contudo, evidencia o quanto, mesmo em condições atrozes, algo do sujeito Leon compunha a cena de seu destino, haja vista que não manifestou desconforto com relação a essa submissão, que se provou mutiladora de seus potenciais humanos. No escopo deste texto, não é pertinente nos alongarmos nas conjecturas das possíveis causas dos comportamentos de Leon ou da irmã, mas constatarmos suas condições de coconstrutores de suas histórias.

O livro *Tudo é linguagem* é o registro de uma conferência da psicanalista, seguida de um diálogo com a plateia. Em um dos últimos apontamentos da conferência, Dolto (1987/1999) discorre sobre casos em que o fato de a mãe ter negado, a si e ao mundo, a gravidez produziu um estado de apagamento psíquico no filho. Terminada sua fala, um dos participantes pede que ela retome esse ponto de vista, pois este tinha sido o caso de sua filha mais velha. Em sua resposta, a psicanalista volta a atenção para a criança e alerta para que não nos preocupemos com essa questão a menos que a filha manifeste algum distúrbio. Entendo essa resposta como um resgate ético, que esgarça a lógica causalista vigente e cabe bem como antídoto contra um tipo de leitura à qual a própria fala de Dolto por vezes conduz, pois entendemos que foi sua fala prévia que induziu o participante a tecer essa inferência generalizante. Seu modo particular de falar e pensar, um tanto quanto metonímico, pode produzir uma perturbação entre o que é singular e o que é genérico e, nesse sentido, para a leitura de sua obra, parece-nos especialmente importante frisar suas linhas-mestras, como aqui fazemos com a noção de desejo de existir.

A formulação do desejo de existir tem efeito fundamental na concepção do *setting* pelo psicanalista que trabalha com crianças, e esta é uma das contribuições de maior peso de Dolto para o campo. Para mim, esse eixo ético teve como efeito meu verdadeiro endereçamento à criança nas sessões preliminares, no sentido de implicá-la por meio da indagação de por que procura a análise e que tipo de ajuda busca. Observamos que o mais comum no campo é que essas perguntas sejam endereçadas aos pais ou adultos cuidadores, e toma-se a criança sob essa condicionante de assujeitamento. É certo que, em geral, são os pais que procuram a análise, mas é igualmente certo que o trabalho psíquico da análise precisa ser feito pela criança.

A revolução ética que acompanhamos está na raiz tanto da ideia de que atendemos aquele que se reconhece sofrendo pelos sintomas e/ou histórias relatados (seja a criança ou os pais), quanto da concepção de pagamento simbólico. O pagamento simbólico é um dispositivo criado para que a criança pague por suas sessões (com pedrinhas, bilhetes do metrô, desenhos etc.), como um modo de veiculação de seu investimento no trabalho. A criação desse dispositivo surgiu pela necessidade de oferecer a crianças institucionalizadas a condição de recusa de uma ou outra sessão de análise. Como percebemos, Dolto penhorou sua criatividade para dar lugar de fala às crianças.

Vale a ressalva de que esta aposta na condição de sujeito desde todo o sempre não implica uma visão solipsista do desenvolvimento humano, ou seja, uma concepção de sujeito isolado e impermeável. Muito pelo contrário, a visão do desenvolvimento de Dolto – que atravessa, por exemplo, toda a sua conceitualização de imagem inconsciente do corpo – dá provas de uma constituição amalgamada e profundamente implicada no terreno das trocas inter-humanas. Dizemos que tem algo do indivíduo (antes mesmo que ele se conceba como tal) que faz sua parte no jogo da vida; ou, em outras palavras, que o desejo do sujeito comparece desde o momento zero de sua vida e é determinante em seu destino. E esse desejo é descrito como um desejo de se encontrar com outros humanos e se comunicar com eles.

Gostaria de terminar afirmando que, em Dolto, tanto a teoria quanto a clínica estão subordinadas ao posicionamento ético, que "se funda sobre um princípio: devemos considerar a criança como um sujeito e como um sujeito perfeitamente capaz de entender a verdade da qual dependem seu ser e seu devir" (Sauverzac, 2008, p. 326).

## *Referências e indicações de leitura*

Dolto, F. (1984/2002). *A imagem inconsciente do corpo*. Perspectiva.

Dolto, F. (1987/1999). *Tudo é linguagem*. Martins Fontes.

Grignon, O. (2002). L'apport de Françoise Dolto dans la psychanalyse: Conference à Dijon, le 20 Juin 1997. *Le Coq-Héron*, *1*(168), 13-36.

Pires, L. (2020). A radicalidade da ética (psicanalítica) de Françoise Dolto. In D. Teperman, T. Garrafa, & V. Iaconelli (Orgs.), *Laço*. Autêntica.

Sauverzac, J.-F. (2008). *Françoise Dolto: itinéraire d'une psychanalyste*. Champs.

Spitz, R. A. (1945). Hospitalism. An inquiry into the genesis of psychiatric conditions in early childhood. *The Psychoanalytic Study of lhe Child*, *1*, 53-74. IUP.

# FÉLIX GUATTARI (1930-1992)

# 26. À luz de Guattari: subjetividade e transversalidade

*Leif Grünewald*
*Monah Winograd*

"O encontro repentino de um ativista político militante e um psicanalista na mesma pessoa, que conversam incessantemente, misturam e interferem um no outro". E eis como Gilles Deleuze se referiu a Pierre-Félix Guattari no prefácio de *Psicanálise e transversalidade* (1972). Ou ainda, como nos próprios nomes de Guattari, Pierre e Félix, "dois poderes de esquizofrenização" (p. 7).

Do encontro, portanto, entre a militância e a psicanálise emergiam para Guattari três problemas distintos. O primeiro deles dizia respeito à forma como se poderia introduzir a política (que, por sinal, já se encontraria no inconsciente) na teoria e na prática psicanalíticas. O segundo remetia ao possível motivo e ao modo pelo qual se poderia incluir a psicanálise nos regimes de elaboração de grupos revolucionários militantes. Por fim, o terceiro problema endereçava a seguinte questão: de que maneira se poderia fomentar a constituição de grupos específicos, cuja influência impactaria tanto os coletivos políticos quanto os grupos psiquiátricos e psicanalíticos?

Para resolvê-los, Guattari argumentava que o desejo não é da ordem do íntimo, nem lócus privilegiados da expressão, tampouco carece de ser articulado verbalmente - ele se ordena, antes, na medida em que é, ele próprio, um analisador. Veja-se, por exemplo, o que se passou com o conceito de subjetividade. Cético a respeito da possibilidade de todo o repertório conceitual das ciências humanas poder se desvincular de uma imagem pretensamente científica e pouco inovadora de um eu repleto de diferentes estados de alma e emoções, foi a partir de 1969, e por ocasião de seu encontro com Deleuze, que Guattari passou a associar o desejo à máquina - fazendo com que o próprio sujeito e a subjetividade se tornassem maquínicos -, avançando, assim, com a ideia de máquinas desejantes, trazida à baila em *O anti-Édipo* (Deleuze & Guattari, 1972).

Dessa forma, Guattari passou a insistir que a subjetividade classificada como maquínica não pode ser recuperada pelo pensamento do eu. Ao contrário, a subjetividade maquínica é coletiva, atravessa todas as instituições sociais e promove um tipo invisível de conexão entre sujeitos e acontecimentos distantes no tempo e no espaço, sem aparente relação de causalidade.

Convém lembrar ainda que, se para Guattari não há o sujeito, mas a subjetividade, e se a subjetividade é, a um só tempo, uma e múltipla, e se há conexões invisíveis entre o indivíduo e o coletivo, então a subjetividade tomada enquanto multiplicidade permite sugerir que o próprio indivíduo figura como instituição. Não que a relação entre um e outro fosse de semelhança e de identidade. Ao contrário, a relação entre o indivíduo e o coletivo é de comunicação direta e imediata, de modo que a separação a nível coletivo e a nível individual é ontologicamente a mesma.

Restaria à subjetividade ser interpretada por um intérprete/analisador que não se associa a nenhum grupo em particular. Não há, para Guattari, portanto, um dono da interpretação, assim como não há nenhuma instituição especializada na psicanálise de todo o mundo. Nesse caso, do próprio desejo agenciado coletivamente em torno da capacidade de agenciar elementos heterogêneos e múltiplos em torno de uma nova composição, que figura como uma atualização do passado, conduzindo a novos possíveis.

Pois bem. Se esse agenciamento coletivo do desejo fomenta o aparecimento do caráter não monolítico das instituições e a heterogeneidade das lógicas de ação e de poder que elas tramam, caberia ao analista buscar pelos efeitos de poder e de significação que se encontram em estado latente num espaço social, o que recebeu de Guattari o nome de transversalidade.

Para ilustrar concretamente o conceito de transversalidade, Guattari nos propôs imaginar um grupo de cavalos equipados com antolhos ajustáveis dentro de um curral fechado e chamar o ajuste de seus antolhos de "coeficiente de transversalidade". Para Guattari, o que podermos perceber é que, "a partir do momento que os cavalos ficam completamente cegos, ocorrerá um certo modo de encontro traumático" (Guattari, 1972, p. 81). Por outro lado, ao "abrirmos as viseiras", é possível imaginar que a circulação se fará de forma mais harmoniosa.

De nossa parte, pensamos que se poderia ilustrar ainda mais concretamente essas duas ideias de Guattari articulando-as com a experiência clínica num ambulatório psiquiátrico com pacientes psicóticos. Em tal contexto, podemos pensar na existência de um grupo constituído em torno de um diretor médico e dos pacientes institucionalizados, no qual a comunicação permanece muitas vezes num nível excessivamente formal. Ajustando a escala, ao focalizarmos outro nível das relações que constituem esse espaço – aquele das relações entre o paciente, os enfermeiros, o analista etc. –, o que encontramos são relações mútuas mais autênticas, com base nas quais os pacientes podem fazer um número de transferências dotadas de caráter terapêutico. Um modo se relaciona, claro, com o outro, donde tudo ocorreria como se a diferença entre eles expressasse um coeficiente de transversalidade latente e reprimido (ou não) em cada caso.

No escopo dessas relações, o sujeito efetivo nunca é dado inteiro de uma vez por todas. Pelo contrário, ele é elaborado por meio da investigação analítica da própria instituição psiquiátrica, que consiste na atribuição de abri-la à enunciação e à associação livre. As possibilidades criadoras de intervenção clínica são dependentes das modalidades de serem marcados pelo significante de um coletivo – o que corresponde, de certa forma, a assumir uma maneira de castração. Tal apagamento de suas potencialidades imaginárias se endereça, é claro, à análise dos objetos que Freud descobriu como sendo o suporte de uma aceitação possível para o sujeito da ordem simbólica; não só deles, mas também dos objetos que se achariam articulados à razão de ser "moderna".

Para além disso, o nível de transversalidade do grupo que realmente detém algum poder (que não coincide necessariamente com as instâncias jurídicas da instituição) determina inconscientemente o balanço de possibilidades extensivas aos demais níveis de transversalidade. Donde Guattari afirmaria que para que a prática analítica tenha algum alcance que não seja degenerador, precisamos prestar atenção aos sintomas dessa subjetividade, no próprio ser do desejo, que deve estar envolvido e ser questionado pela estrutura significante diante da qual se vê. A subjetividade não pode ser dominada, mas uma política psicanalítica pode aumentar o "coeficiente de transversalidade" da instituição, descentralizar e suavizar as hierarquias, abrir as divisórias, intensificar a circulação, estimular iniciativas vindas da base, mesmo as mais loucas.

## *Referências e indicações de leitura*

Deleuze, G., & Guattari, F. (1972). *L'Anti-Œdipe*. Minuit.

Guattari, F. (1972). *Psychanalyse et transversalité: essais d'analyse institutionnelle*. François Maspero.

# DONALD MELTZER (1922-2004)

# 27. Estados sexuais da mente/perversão

*Alcina Juliana Soares Barros*

## *Introdução*

Donald Meltzer fez importantes contribuições para o trabalho psicoterápico, estando entre elas a descrição dos três estados sexuais da mente. Esse conhecimento tem aplicação clínica no entendimento e na abordagem de pacientes com perversões. E o que é perversão? Trata-se de comportamento psicossexual desviante do coito tido como "normal" (penetração genital heterossexual visando ao orgasmo). Consiste em fantasias eróticas preocupantes, elaboradas, conscientes e essenciais para a excitação sexual e o orgasmo, comportamentos eróticos denotando o conteúdo das fantasias, sentimentos de superioridade do erotismo perverso, intensificação das preocupações com as fantasias em períodos de estresse e adequação da vida pessoal e profissional à perversão. Não se limita às perversões sexuais, abrangendo modalidades perversas de relações objetais (objetificação dos outros nos homens e do próprio corpo nas mulheres) ou de respostas às demandas perversas da realidade – quando dominação, exploração e desumanização coexistem com cuidado, amor e idealização (Barros, 2016; Celenza, 2020 ; Stein, 2005).

Para o terapeuta, interessa a soma dos estados sexuais mentais do paciente ao longo do tempo, que determina a saúde, imaturidade ou doença do indivíduo. Saber sobre os estados sexuais da mente permite-lhe não apenas realizar intervenções no comportamento e na conduta do paciente, mas também manejar melhor os potenciais problemas transferenciais e contratransferenciais relacionados à perversão, como: agressão; atitudes desafiadoras, sedutoras, dominadoras e de suborno realizadas pelo paciente; tentativas de convencer o terapeuta sobre suas ideias desviantes concernentes à sexualidade; tornar os meios como um fim, ou um suposto fim como meio para algo obscuro e escondido; transferência erótica e projeções (Barros, 2016; Meltzer, 1979; Stein, 2005).

## *Os três estados sexuais da mente*

A cena primária, descrita por Freud em 1918, remete à cena da relação sexual entre os pais, observada ou imaginada pela criança, de acordo com fantasias, sendo interpretada como uma agressão paterna. As relações de objeto e os vínculos entre os cinco membros da família participantes da cena primária normal - pai, mãe, menino, menina e o bebê dentro da mãe, conforme a fantasia infantil - originarão os estados sexuais da mente. Meltzer entendia que, de acordo com a participação do eu na cena primária, três estados sexuais da mente podem ser reconhecidos, sendo mutáveis e presentes em todos. No desenvolvimento psicológico saudável, há uma evolução para que a sexualidade polimorfa adulta torne-se predominante.

A sexualidade polimorfa infantil não é sinônimo de imaturidade. Caracteriza-se pelos ciúmes e competição com os pais, visando solucionar o conflito relacionado à cena primária, sem renunciar aos objetos ou adiar gratificações. Há ansiedade, brincadeira, excitação, desejo de exibir, imitação e experimentação. A gratificação sexual não é o objetivo primário.

A sexualidade polimorfa adulta é privada, baseada na identificação introjetiva com o objeto combinado (pais individualizados se unindo em coito prazeroso e criativo, configurando um objeto interno sentido como fonte da criatividade pessoal, sexual, intelectual e estética), isto é, no trabalho criativo. O aspecto polimorfo relaciona-se aos orifícios da mulher, em identificação introjetiva com a necessidade da mãe interna de receber pênis e sêmen e evacuar seus perseguidores.

No estado sexual mental perverso, uma sexualidade malvada constitui a fantasia nuclear, focada na morte dos bebês dentro da mãe, decorrente de ataques infantis ciumentos. Uma sexta figura ingressa na cena primária: o pênis fecal, inimigo da criatividade e do amor. É um estado onipotente e arrogante. Nega-se a realidade psíquica e se compete invejosamente com os objetos idealizados, simulando suas qualidades, como: beleza, bondade e força.

Meltzer (1979) esclareceu que a perversão não inclui todas as fantasias da sexualidade malevolente, mas apenas aquelas originadas da fantasia primordial de matar o bebê.

## *Implicações do estado sexual mental perverso na relação terapêutica*

A vinheta clínica a seguir consiste em caso fictício, com elementos de realidade de outros: Z., 42 anos, publicitário, buscou tratamento psicoterápico por queixas de ansiedade no trabalho e problemas conjugais. Narrou que trabalhava em campanhas publicitárias durante o período eleitoral, buscando informações desabonadoras sobre os adversários do empregador. Demonstrava grande satisfação quando encontrava um "furo", um escândalo, com potencial de prejudicar o perfil moral do alvo. Queixava-se de que, havia muitos anos, mesmo sendo o melhor da equipe, não progredia na carreira e ganhava pouco. Relatou crescente insatisfação com a esposa, com quem era casado havia 5 anos. Após alguns meses, passou a contar, com riqueza de detalhes, ocupando quase todo o horário das sessões, sonhos recorrentes nos quais mantinha relação sexual prazerosa com a filha, criança de 3 anos. Não demonstrava desconforto ou perplexidade com o conteúdo dos sonhos. Atrasava-se, faltava às sessões e reclamava ao pagar os honorários. Ao fim de uma sessão, após sair do consultório, regressou, pois precisava me perguntar se eu não temia sofrer um estupro ficando sozinha naquela sala, todas as noites.

O conhecimento sobre o estado sexual mental perverso possibilitou uma melhor compreensão sobre o que se passava com o paciente descrito: passividade, destrutividade e negativismo. Meltzer (1979) já alertara que o paciente perverso buscará criar uma psicoterapia interminável e estéril. No caso descrito, uma transferência sadomasoquista começou a dar sinais, desencadeou respostas contratransferenciais compostas por pesadelos, inquietação, sensação de desconforto e insegurança, e a relação terapêutica foi se tornando improdutiva. Enquanto a vida do paciente aparentava normalidade no mundo externo, seu mundo interno era bastante adoecido, tendo perdido a separação entre o que seria bom e mau. Por ser incapaz de ficar a sós com a parte idealizada e potencialmente boa de sua personalidade, não conseguiu manter a relação com um objeto bom (terapeuta).

Em casos como o exemplificado, a mudança do estado sexual mental perverso para o estado sexual adulto da mente deve ser buscada, pois o impulso para o trabalho (incluindo o psicoterápico) está nesse último. A admiração do ideal do superego é uma atribuição dos pais internos, derivada de uma identificação introjetiva com pais bons. O ideal do superego, localizado fora da experiência do eu, produz um estado de humildade, permitindo que o potencial criativo – necessário para o progresso da psicoterapia – se desenvolva.

## *Conclusão*

Os estados sexuais da mente, segundo Donald Meltzer, fornecem um modelo teórico rico e esclarecedor para o entendimento e o trabalho com pacientes que apresentam perversões, sejam elas concretizadas em comportamentos ou fantasiadas. O terapeuta deverá ser capaz de reconhecer, enfrentar e superar as dificuldades inerentes a esses casos (esterilidade e sadomasoquismo no tratamento), sabendo que dispõe de importantes recursos, como: material teórico, tratamento pessoal e supervisão do caso.

## *Referências e indicações de leitura*

Barros, A. (2016). A perversão na relação terapêutica. *Revista Brasileira de Psicoterapia, 18*(2), 124-133.

Celenza, A. (2020). Embodiment and the perversion of desire. *Psychoanalytic Quarterly, 89*(3), 369-398.

Freud, S. (1918/1996). Histórias de uma neurose infantil. In S. Freud, *Edição Standard Brasileira das Obras Psicológicas Completas de Sigmund Freud* (Vol. XVII). Imago.

Meltzer, D. (1979). *Estados sexuais da mente.* Imago.

Stein, R. (2005). Why perversion? "False love" and the pervert pact. *International Journal of Psychoanalysis, 86*, 775-799.

# ROBERT WALLERSTEIN (1921-2014)

# 28. Pesquisa psicanalítica

*Fernanda Barcellos Serralta*

Controvérsias acerca do *status* científico da psicanálise são recorrentes e coexistem com praticamente toda a sua história. Será a psicanálise uma ficção baseada em pressupostos que não são passíveis de verificação? Ou será a investigação científica inútil, ou até nefasta para o desenvolvimento das ideias e técnicas psicanalíticas? É na posição de defesa sistemática da aplicabilidade da pesquisa empírica para a prática psicanalítica que se situa o legado de Robert Wallerstein. Sua discussão com André Green, que considerava a pesquisa psicanalítica uma ilusão e um equívoco, está bem documentada (vide, por exemplo, Sandler, et al., 2000).

A investigação psicanalítica é essencial para assegurar o lugar da psicanálise entre as ciências e como intervenção de saúde mental (Wallerstein, 2003). Frente ao pluralismo de ideias e correntes psicanalíticas, Wallerstein (1988, 2003) considera que são os fenômenos observáveis no consultório (e não a metapsicologia) que lhe conferem alguma unidade. É também somente sobre esses fenômenos que a investigação científica pode operar e, assim, promover o avanço da disciplina (Wallerstein, 2003).

Wallerstein (2001) organizou a história da pesquisa psicanalítica em quatro gerações que representam diferentes níveis de resposta para duas questões centrais: (a) quais mudanças decorrem do tratamento? (investigação de resultados); e (b) essas mudanças emergem da interação de qual conjunto de fatores do paciente, do tratamento, do terapeuta e do contexto ou situação de vida do paciente? (investigação de processos). Embora geralmente separadas por razões metodológicas, essas questões, na prática, são interligadas.

A primeira geração de pesquisa psicanalítica (de 1917 aos anos 1960) tem como foco o levantamento simples de resultados. Os critérios de avaliação são pouco específicos e não padronizados ("opinião" do clínico). As pesquisas da segunda geração (de 1950 aos anos 1980) avançam metodologicamente. Os estudos são prospectivos, comparativos, com delineamento pré-pós, e usam medidas construídas para examinar resultados de tratamentos. A terceira geração coexiste no tempo com a segunda e examina processos-resultados de tratamento com a aplicação de múltiplas medidas repetidas através do tempo, incorporando o seguimento pós-tratamento. A quarta geração de pesquisa (de 1980 ao presente) desenvolve novas medidas do processo terapêutico, de resultados e de mudança estrutural. O estudo dos mecanismos de ação terapêutica (preditores da mudança) torna-se o foco do interesse. A eficácia dos tratamentos é avaliada. Os estudos são mais sofisticados e apresentam inovações metodológicas. Gravações em áudio e vídeo aliadas a métodos observacionais padronizados permitem a investigação aprofundada e sistemática do processo de mudança e do relacionamento terapêutico, incluindo o exame da contribuição da aliança e da interpretação da transferência, por exemplo (Wallerstein, 2001, 2003).

O Projeto de Pesquisa em Psicoterapia da Fundação Menninger, iniciado entre 1952 e 1954 sob a liderança de Robert Wallerstein, é um exemplo paradigmático de estudo de terceira geração (Wallerstein, 2001).

O estudo centrou o interesse na investigação de processos e resultados de psicanálise e psicoterapia psicanalítica (*insight* e apoio). Seu desenho foi naturalístico, ou seja, os tratamentos foram examinados tal como ocorrem na realidade. Os 42 pacientes incluídos (21 de psicanálise e 21 de psicoterapia psicanalítica) tiveram as suas trajetórias de tratamento e vida detalhadamente descritas. Em todos os casos, o seguimento ocorreu pelo menos entre 2 e 3 anos após o término; em alguns casos, se estendeu por 30 anos (Wallerstein, 1989).

Entre os achados mais significativos do estudo estão: (a) somente 10 dos pacientes que iniciaram psicanálise aderiram "suficientemente bem" ao modelo. Os demais tratamentos foram modificados em maior ou menor grau em razão de necessidade clínica; (b) não foi possível diferenciar psicoterapia puramente de *insight* e de apoio. Em todos os casos, os tratamentos apresentavam mesclas de intervenções exploratórias e apoiadoras em resposta às necessidades atuais dos pacientes; (c) no conjunto, seis mecanismos de ação de apoio presentes nos tratamentos foram identificados, sendo o mais central o desenvolvimento de um apego transferencial dependente (predominantemente não interpretado) no qual gratificações conscientes ou inconscientes de diferentes níveis eram obtidas; (e) os resultados apresentados pela psicanálise foram menores do que preditos, enquanto os de psicoterapia superaram as expectativas inicias; (f) as mudanças, inclusive em nível estrutural, superaram a ação do *insight* via interpretação, ou seja, podem ocorrer pelas duas vias – *insight* sobre conflitos e apoio ou suporte. A conclusão geral apontou que formas puras de tratamento não existem e que o máximo benefício é obtido mediante a adaptação da técnica ao paciente (Wallerstein, 1989).

Uma implicação clínica central do Projeto Menninger é que a interpretação não constitui a única (nem a melhor) via de mudança.

O melhor tratamento é aquele que se ajusta ao paciente, e não o contrário. Isso pode ser ilustrado no caso a seguir.

Mariana tem 23 anos e buscou atendimento em razão de depressão, ideação suicida e automutilações. Também fazia uso abusivo de álcool. Na infância, foi abusada sexualmente por um amigo do pai. Era hipersensível a situações interpessoais que lhe indicassem não ser suficientemente amada. Reagia às supostas rejeições ora com agressividade, ora com tristeza e desamparo. Tinha uma história de psicoterapias interrompidas. A terapeuta, sensível e empática ao sofrimento da paciente, em vez de explorar e interpretar as angústias intensas de abandono da paciente, optou por validar seus sentimentos (por exemplo, "é perfeitamente compreensível a tua raiva nessa situação"), prover teste de realidade ("será que tua amiga [indisponível para sair com ela] não poderia estar simplesmente ocupada naquele dia?"), ou até mesmo realizar psicoeducação ("pessoas que têm histórias traumáticas como a tua tendem a confiar menos nas outras pessoas"). Conforme esclarece Wallerstein (1989), nessa linha de intervenção, um veículo promotor de mudanças estruturais seria a identificação com um terapeuta que ajuda, ampara e cura, mecanismo análogo ao de "experiência emocional corretiva" proposto por Alexander e French (1946). Esse e outros mecanismos de ação terapêutica supressivos de ansiedade precisam ser estudados, compreendidos e incorporados na teorização psicanalítica (Wallerstein, 1989).

## *Referências e indicações de leitura*

Alexander, E., & French, T. M. (1946). *Psychoanalytic therapy: principles and applications*. Ronald Press.

Sandler, J., Sandler, A. M., & Davies, R. (2000). *Clinical and observational psychoanalytic research: roots of a controversy – André Green & Daniel Stern*. Routledge.

Wallerstein, R. S. (1986). *42 lives in treatment: a study of psychoanalysis and psychotherapy.* Guilford Press.

Wallerstein, R. S. (1988). One psychoanalysis or many? *International Journal of Psychoanalysis*, *69*, 5-21.

Wallerstein, R. S. (1989). The Psychotherapy Research Project of the Menninger Foundation: an overview. *Journal of Consulting and Clinical Psychology*, *57*(2), 195-205.

Wallerstein, R. S. (2001). The generations of psychotherapy research: an overview. *Psychoanalytic Psychology*, *18*(2), 243-267.

Wallerstein, R. S. (2002). The trajectory of psychoanalysis: a prognostication. *International Journal of Psychoanalysis*, *83*(6), 1247-1267.

Wallerstein, R. S. (2003). Psychoanalytic therapy research: its coming of age. *Psychoanalytic Inquiry*, *23*(2), 375-404.

# MAUD MANNONI (1923-1998)

# 29. A instituição estourada como transmissão de um fazer ético

*Thaís da Silva Pereira*

Maud Mannoni, já conhecida solidamente pelo seu trabalho junto à clínica psicanalítica de crianças e adolescentes, sobretudo em sofrimento psíquico grave, foi além ao inventar com seu saber clínico. Em 1969, ao lado de Robert Lefort, Maud Mannoni fundou a Escola Experimental de Bonneuil-sur-Marne.

Frisamos o saber clínico de Mannoni como mola propulsora do desejo e da aposta de Bonneuil justamente para colocar em questão a suposta ideologia a sustentar o que aqui apresentaremos como instituição estourada. Construir um espaço em que o dentro e o fora fluem não é só um manifesto literal da busca pela queda dos muros manicomiais e da segregação no cuidado, mas é, também, uma sustentação ética da psicanálise. Ela afirma que ali não se faz psicanálise, mas a psicanálise está em tudo na instituição, sobretudo na subversão do saber.

## *Um lugar para com-viver*

Nas palavras de Mannoni (citada por Lajonquière & Scagliola, 1998): "não colocaria Bonneuil como modelo de instituição e sim apenas como um lugar ou exercício de interrogação das instituições existentes; algo que exige, obviamente, uma reformulação própria" (p. 26).

Se havia a grande veia clínica e a aposta na criança em sofrimento psíquico e/ou com dificuldades no desenvolvimento como sujeito no laço social, havia também atravessamentos de movimentos clínico-institucionais, como o movimento antipsiquiátrico e os trabalhos de Michel Foucault e Erving Goffman sobre análise institucional e tratamento da loucura na leitura de Mannoni (Geoffroy, 2004).

A instituição conta com apoio do governo francês e sobrevive, segundo a própria idealizadora, com recursos de saúde e educação. Em uma entrevista concedida a Lajonquière e Scagliola (1998), Mannoni afirma que a escola experimental foi pensada como um lugar à margem ou na contramão da medicalização das instituições hospitalares, mas também como um espaço à margem das instituições educacionais ao acolher crianças psicóticas, com atraso no desenvolvimento etc.

A escuta do desejo do sujeito sempre funcionou como uma espécie de ética balizadora das relações dentro da instituição, sem desconsiderar o laço social. Assim, Bonneuil nunca foi um lugar de acolhimento cristalizador da posição da loucura, mas um local que oferece contornos de outro modo de relação com o outro, sendo mola propulsora para a criança percorrer outros caminhos que não findassem no diagnóstico.

## *A instituição estourada e a ética psicanalítica*

A marginalidade característica de Bonneuil sustenta-se no que foi chamado por Mannoni de *institution éclatée*, traduzido e popularizado no português como instituição estourada ou estilhaçada. Fazendo frente ao conceito de Goffman de instituição total, modelo de cuidado que trazia o sujeito não só para as quatro paredes e o isolamento institucional, mas também para a padronização como política de tratamento, a criação mannoniana visa outro modelo de cuidado clínico-institucional.

Pensando em um cuidado integralizado a crianças e adolescentes em dificuldades, estouram-se modelos de diagnóstico médico, modos rígidos de convivência, posições de escuta e apoio aos *enfants*, que, por estarem em dificuldades, podem ficar duplamente sem voz. Em *Educação impossível*, Mannoni (1973/1977) traz o conceito de *instituição estourada*, desenvolvendo a ideia de esta ser um operador de abertura e novas questões, não uma resposta teórico-prática ao problema, sempre atenta ao experimento em movimento dentro da vida institucional. A psicanalista define sua ideia como o desvendamento da função ocupada por uma criança junto aos outros. Para isso, a autora deixa claro que não basta ser anti-institucional: torna-se necessário se livrar dos péssimos efeitos institucionais à criatividade, à subjetividade e ao livre associar e dizer. É necessário levantar a quebra da objetivação cristalizada nos casos complexos e que tendem a cair em uma repetição institucional no cuidado cotidiano. Mannoni (1973/1977) aposta que "é pela descoberta de sua subjetividade, quando se apropria da linguagem a partir do Outro, que a criança se liberta" (p. 76).

Geoffroy (2004) aponta a relação estreita entre a *instituição estourada* e o *fort-da*, o jogo infantil de ir e vir observado por Freud, que apoia seu *insight* teórico-clínico sobre a relação da criança com a ausência e a presença e que, na releitura de Lacan, abre espaços para a compreensão da relação do sujeito com o simbólico. A atividade em ato da criança coloca-a em cena, transacionando da posição de objeto que sofre das idas e vindas do outro à daquele que assume o lugar de sujeito. Mannoni (1973/1977) insere a discussão do simbólico na relação entre eu e outro, a objetivação, a separação e a criança em dificuldades recebida em Bonneuil.

A dificuldade de simbolização e a separação das crianças e adolescentes chamam a atenção para a forma como a instituição vai se colocar na relação transferencial. A ideia de instituição estourada seria para a autora manter-se como instituição, como apoio, mas abrir vias de ir e vir, abrir passagens. Permitir a abertura de espaços, o eu e o outro, a presença e a ausência gradualmente, no tempo subjetivo do um a um, fazendo anteparo simbólico nas dificuldades dialéticas existentes e possibilitando uma vida a ser vivida fora da instituição. Mannoni (1973/1977) deixa clara a importância do espaço encontrado pela criança em seu desenvolvimento, sendo os outros aqueles que abrem caminhos para a evolução do sujeito para fora do seu campo de influência e ofertam a "permissão" de um lugar próprio. Para além da família, a autora aponta a instituição como continuidade ou impedimento da construção de um campo de alteridade no laço social.

Compor uma instituição como Bonneuil exige, em topar o risco do direito à recusa, da diferença, das invenções, das escansões, da borda do sofrimento e da função incessante de construir redes de cuidado que incluam a escuta e o desejo da criança. Desafio cada vez mais duro, mas mais ético ao psicanalista, sobretudo atuante em instituições de saúde.

Certa vez, um paciente psicótico se deitou no corredor do hospital em que eu era residente, recusando-se a tomar medicação, supondo ali um envenenamento. A saída hospitalar era a conhecida contenção física em nome do dever de cuidar. A rigidez no cuidado fala de uma rigidez na formação, mas também da falta de espaço na instituição para aberturas frente ao conhecido, de permissão ao desconhecido, à interrogação e à invenção. A falta de passagem ao estrangeiro cala a subjetividade e empobrece o cuidado possível nas instituições, mas o mais grave é a cronificação de um modo de funcionamento que coloca o paciente adaptado ao sofrimento psíquico. A instituição estourada inspira a fazermos fissuras na insistente rigidez institucional em que se aposte na emersão do sujeito.

## *Referências e indicações de leitura*

Geoffroy, M. A. (2004). A "instituição estourada" como "jogo do fort-da" de Jacques Lacan ao conceito de "instituição estourada" da escola experimental de Bonneuil-Surmarne. *Estilos da Clínica*, *9*(17), 26-51.

Lajonquière, L., & Scagliola, R. (1998). Conversando sobre Bonneuil. Entrevistas com Maud Mannoni, Marie-José Richer-Lérès e Lito Benvenutti. *Estilos da Clínica*, *3*(4), 20-40.

Mannoni, M. (1970). *O psiquiatra, seu "louco" e a psicanálise*. Zahar.

Mannoni, M. (1973/1977). *Educação impossível*. Zahar.

Sei, C. C. (2018). *Cartografias do contato: uma experiência em Bonneuil* (Dissertação de mestrado). Instituto de Psicologia, Universidade Federal do Rio Grande do Sul.

# 30. Psicanálise e educação em Maud Mannoni

*Rose Gurski*

Maud Mannoni construiu seu espaço no rol dos psicanalistas lacanianos de feições humanas (Roudinesco, 1998) por meio de sua genuína paixão por buscar *o que falta à verdade para ser dita*, bem como de seu comprometimento político na luta contra a segregação e a colonização das subjetividades. Além do intenso anticolonialismo de suas posições, tal compromisso materializou-se no interesse pela escuta de crianças e adolescentes excluídos do sistema de educação nacional francês, o que a levou a inscrever seu trabalho de forma corajosa e inventiva no campo das conexões entre psicanálise e educação. Seu envolvimento com o campo da educação foi tal que, no panteão da psicanálise contemporânea, Mannoni (1990) – junto com Dolto – foi considerada uma espécie de *médica da educação.*

Mannoni produziu, por meio da criação da escola experimental de Bonneuilsur-Marne, a versão em ato mais interessante da ética psicanalítica quando esta se encontra com a educação. Talvez tenha sido a leitora mais atenta das demandas de Freud na direção dos enlaces entre psicanálise e educação. Freud, em mais de um texto,[1]

[1] Dentre eles destacamos Freud (1933/2010).

ao falar sobre suas expectativas futuras acerca desses enlaces, evocou justamente o desejo de que as gerações vindouras pudessem fazer decantar algo de diferente nestes diálogos do que tinha sido possível até então para o movimento psicanalítico (Gurski, Moschen & Scherer, no prelo).

Com a criação de Bonneuil, ao propor a articulação dos campos da psicanálise, da educação, da psiquiatria e da saúde mental, relançou as bases de uma psicanálise engajada com a sociedade, com a cidade e com a política. Assim, além das contribuições de Mannoni terem alargado as bordas da psicanálise na direção da educação, também produziram efeitos importantes para a clínica psicanalítica com crianças e adolescentes, sobretudo no que se refere à abordagem da debilidade mental e da psicose.

O livro *A criança atrasada e a mãe* (Mannoni, 1991) foi pioneiro ao inaugurar um campo de escuta aos sujeitos da educação especial e suas famílias. A partir do ensino de Lacan, Mannoni destacou a escuta do fantasma parental com crianças e adolescentes débeis e psicóticos, mostrando, sobretudo, o quanto os casos de deficiência grave podem destinar o filho a um lugar objetalizado e ao risco de uma paralisação subjetiva – condição que não raro expõe o sujeito a uma posição de objeto do gozo materno, num tipo de relação simbiótica da qual o pai, ou melhor, o terceiro, fica excluído.

A partir da transmissão de Lacan e Dolto, Mannoni formulou um conceito-chave para o trabalho clínico com a infância, qual seja, a importância da escuta do lugar do filho no discurso familiar e no fantasma parental em todo trabalho preliminar à análise de uma criança. Para ela, a compreensão do sentido do sintoma da criança deve ser buscada na verdade do não dito parental. Em *A primeira entrevista em psicanálise*, Mannoni (1981) evidencia tal conceito com a fala de uma mãe: "Essa criança devorou toda nossa vida pessoal, ela cai, não podemos deixá-la sozinha, não sabe usar as mãos . . . quando ela cai, eu lhe bato. O que a gente pode fazer?... Depois de tanto tempo é de fato surpreendente que ela ainda não tenha se matado" (p. 95).

Sobre a vinheta clínica, Mannoni comenta que essa criança, acometida por crises convulsivas, passa muito bem no internato, ou seja, neste lugar distante da família não tem quedas. Ela questiona se é a criança que tem um impulso de cair ou se acaso é a mãe, com sua angústia quase assassina, que impele o filho à queda. Segue dizendo que o encontro com o psicanalista é um encontro com a mentira que o sintoma da criança denuncia e conclui que o que de fato adoece uma criança não é tanto a situação real, mas sobretudo o que fica velado e não é colocado em palavras.

A abertura da escuta para sujeitos portadores de danos orgânicos, síndromes neurológicas, diagnósticos de autismo, psicose e outros, tanto na experiência de Bonneuil como na clínica *stricto sensu*, lançou um ineditismo na prática clínica e na construção teórica da psicanálise (Bernardino, 2019). Em seus escritos clínicos e críticos, Mannoni sublinhou o quanto a escuta psicanalítica com crianças se desdobra em uma ética, a ética da psicanálise, não se tratando de uma técnica. É nesse sentido que entendemos que as contribuições da psicanalista não só inauguraram uma outra escuta no trabalho com esses sujeitos nas instituições sociais e educacionais, como também produziram efeitos inovadores para a própria clínica psicanalítica com crianças e adolescentes (Mannoni, 1991).

Do ponto de vista das contribuições ao campo da psicanálise e educação, Mannoni apresentou uma interpretação *sui generis*, pois compreendeu que não se tratava de colonizar o campo da educação pela instrumentalização da psicanálise como mais um saber, tampouco de psicologizar as instituições educacionais. Era preciso mostrar, em ato, como a escuta e a ética da psicanálise podiam estar presentes nas instituições, mesmo na ausência de análises propriamente ditas. Ainda que Bonneuil não fosse uma instituição com práticas analíticas em seu cotidiano, a psicanálise se fazia presente em todo o funcionamento e a montagem institucional.

Mannoni nomeou tal operação de "clareagem" da psicanálise na relação com a educação (Bernardino, 2019). Entendemos que a clareagem operava por meio de dispositivos institucionais construídos a partir de premissas da teoria e da ética da psicanálise. Um desses dispositivos era a atividade de estágio dos estrangeiros, atividade que trazia a presença constante do estrangeiro para o cotidiano da instituição, fazendo a função de abertura ao espaço de "fora", uma espécie de materialização da operação do *fort-da*. O lugar do estagiário era um claro contraponto ao adoecimento produzido nas instituições psiquiátricas e asilares da época, que costumavam manter os pacientes apartados da circulação na cidade e no laço social.

O pioneirismo de Mannoni no campo das relações entre psicanálise e educação também se refere ao fato de ela ver a educação como algo bem mais amplo que a pedagogia. Nesse sentido, Bonneuil, o ato maior de Mannoni, enquanto "um lugar para viver", nasceu do desejo de uma psicanalista e *médica da educação* que, através de suas experiências de vida, compreendeu que o ato de educar está no cerne da construção do sujeito (Kupfer, 2007). Desse modo, pensamos que Mannoni emprestou sua vida para a construção de uma obra que mudou definitivamente tanto os modos de enlace entre psicanálise e educação como a clínica psicanalítica com crianças e adolescentes débeis e psicóticos.

## *Referências e indicações de leitura*

Bernardino, L. M. F. (2019). Quando a inquietação e a criação se encontram com a psiquiatria: a trajetória de Maud Mannoni. In D. S. Malucelli, & R. Vernizi. (Orgs.), *Psicanalistas do século XX* (pp. 51-67). Aller.

Freud, S. (1933/2010). Novas conferências introdutórias à psicanálise. Esclarecimentos, aplicações, orientações. In S. Freud, *Obras Completas* (Vol. 18, pp. 294-320). Companhia das Letras.

Gurski, R., Moschen, S., & Scherer, L. C. B. (no prelo). *Psicanálise e educação: notas sobre alteridade, herança e transmissão.*

Kupfer, M. C. (2007). *Educação para o futuro: psicanálise e educação.* Escuta.

Mannoni, M. (1981). *A primeira entrevista em psicanálise.* Campus.

Mannoni, M. (1989). *Um saber que não se sabe: a experiência analítica.* Papirus.

Mannoni, M. (1990). *O que falta a verdade para ser dita.* Papirus.

Mannoni, M. (1991). *A criança atrasada e a mãe.* Moraes.

Roudinesco, R. (1998, 12 de abril). A psicanálise de feições humanas. *Folha de S. Paulo.* https://www1.folha.uol.com.br/fsp/mais/fs12049813.htm.

# THOMAS FORREST MAIN
# (1911-1990)

# 31. Comunidade terapêutica: diferenciando o conceito psicanalítico dos seus (ab)usos no Brasil contemporâneo

*Gustavo Vieira*

Existem hoje no Brasil diversas instituições que se denominam "comunidades terapêuticas", em sua maioria destinadas à internação de usuários de álcool/drogas. De acordo com relatório elaborado pelo Conselho Federal de Psicologia e colaboradores (2018), grande parcela dessas instituições não apresenta uma proposta terapêutica técnico-científica, baseando-se especialmente em preceitos religiosos e/ou morais conservadores. Além disso, em parcela significativa dessas instituições foram identificadas restrições na livre circulação dos internos, práticas de trabalho forçado ou outras violações dos direitos humanos. Essa concepção de atendimento é diametralmente oposta ao conceito psicanalítico de comunidade terapêutica, proposto originalmente como um operador teórico-clínico crítico para o contexto institucional.

Um dos introdutores da noção de comunidade terapêutica foi o psiquiatra e psicanalista britânico Tom Main. Essa ideia emergiu durante a Segunda Guerra Mundial, no contexto do tratamento de soldados em sofrimento mental no Hospital Northfield, onde Main trabalhou próximo a John Rickman, Wilfred Bion e outros precursores da prática clínico-institucional inglesa (Rayner, 2020). Ao analisar sua experiência nesse período, Main (1946) propõe que o hospital não seria apenas o local da prescrição de uma terapia, mas poderia se constituir em instituição terapêutica, à medida que as relações interpessoais (incluindo entre pacientes e profissionais) estivessem no centro da análise e das intervenções.

Aproximadamente três décadas depois, Main (1977) afirmou que a terminologia "comunidade terapêutica" passou a ser usada de forma tão variada que se tornou quase sem sentido. No entanto, o autor relaciona a noção psicanalítica de comunidade terapêutica com a concepção freudiana de associação livre: para Main, as duas ideias diriam respeito ao intuito de investigar e trabalhar com a experiência humana como um todo, e não apenas um recorte selecionado por um profissional ou pesquisador. Além disso, ele acrescenta que "o conceito de comunidade terapêutica é mais uma extensão do avanço de Freud, pois também se baseia no estudo de questões inconscientes" (p. s14).

Para Main (1977), o conceito de comunidade terapêutica não estaria atrelado a um tipo de organização específica. Segundo ele, sua "marca registrada não é uma forma particular de estrutura social, *mas uma cultura de investigação*. Requer e sanciona instrumentos de investigação sobre problemas pessoais, interpessoais e intersistêmicos e o estudo de impulsos, defesas e relações, conforme expressos e organizados socialmente" (p. s14, grifos nossos). Assim, a comunidade terapêutica corresponderia ao cultivo permanente de espaços (ou dispositivos) de investigação coletiva acerca dos efeitos do inconsciente nos fenômenos vivenciados pelos diversos participantes de uma instituição de cuidado. Dentre esses efeitos, Main destaca os conflitos que poderiam ser observados entre pacientes, terapeutas e/ou funcionários.

O principal exemplo clínico-institucional da noção proposta pelo autor encontra-se no artigo *The ailment*. Nesse trabalho, Main (1957) analisa uma investigação realizada ao longo de alguns anos no Hospital Cassel (onde o autor foi diretor) por meio de encontros regulares entre profissionais para a discussão de doze casos que haviam sido considerados como fracassos pela própria equipe. Como resultado dos encontros, Main afirma que o grupo concluiu que os pacientes estudados suscitavam uma dinâmica transfero-constratransferencial semelhante, levando a equipe a dividir-se entre: (a) os que avaliavam que o paciente precisava de cuidados "especiais"; e (b) os que questionavam a pertinência de tais cuidados "especiais". Na perspectiva de Main, essa cisão na equipe era um efeito incontornável suscitado pelos pacientes, mas exigiria um trabalho de elaboração interprofissional para que, em vez de entrar em conflito, a equipe pudesse responder com a continência e a direção de tratamento necessárias.

Essas ideias serviram como aportes para lidarmos com uma situação vivida no matriciamento em saúde mental no SUS. Lúcio,[1] de aproximadamente 40 anos, se dirigiu à Unidade Básica de Saúde (UBS) com diversas queixas – insônia, conflito com os pais, dificuldade de retomar uma atividade profissional –, mobilizando de forma muito intensa a técnica de enfermagem Silvana. Lúcio já havia morado no bairro anteriormente e era "conhecido" por parte de profissionais da UBS. Quando Silvana tentou debater o caso com alguns colegas naquele dia, aqueles que participaram da discussão se dividiram entre: (1) os que tinham *convicção* de que Lúcio era um manipulador, fingindo sintomas e/ou sofrimentos e (2) aqueles que possuíam *certeza* de que era um caso grave e que exigia cuidados imediatos. Nesse contexto, a residente de saúde mental Débora propôs realizar um acolhimento para o paciente conjuntamente

[1] Os nomes e outros dados foram modificados para preservar o sigilo do paciente e dos profissionais.

com Silvana – ambas profissionais "partidárias" do segundo grupo de profissionais. Ao realizar a consulta conjunta na última hora de funcionamento da UBS na sexta-feira, o atendimento acabou se configurando como um "momento confuso", no qual o paciente demonstrou não ter obtido um espaço de continência, e os profissionais sentiram não ter podido ofertar a Lúcio um cuidado suficientemente bom.

Na segunda-feira, a UBS foi comunicada sobre Lúcio ter se dirigido ao Serviço de Urgência no final de semana bastante desorganizado. Tal situação favoreceu que um grupo de profissionais da Unidade de Saúde (incluindo "partidários" dos dois lados do conflito) discutisse sobre os diferentes efeitos do contato com Lúcio. Esse processo revelou que algumas tensões existentes entre profissionais da equipe teriam servido de "apoio" para uma dinâmica coproduzida pelo paciente, visto que dificuldades semelhantes já haviam ocorrido em atendimentos do caso alguns anos antes. Nesse sentido, o projeto terapêutico de Lúcio pôde considerar tal efeito produzido nos vínculos transfero-constratransferenciais, sinalizando a importância de a equipe colocar suas relações intersubjetivas em trabalho.

Embora as primeiras experiências institucionais de Main, no período pós-guerra, ainda se dessem em um contexto hospitalocêntrico, ressaltamos que sua contribuição extrapola uma modalidade específica de instituição de saúde. Nesse sentido, salientamos que sua noção de comunidade terapêutica, centrada em uma *cultura permanente de investigação coletiva sobre os efeitos do inconsciente na instituição*, mostra-se essencialmente oposta às muitas "comunidades terapêuticas" de caráter manicomial no Brasil contemporâneo. Além disso, consideramos que a perspectiva clínica e crítica de Main pode contribuir no contexto das práticas não manicomiais de saúde mental no SUS, a exemplo das propostas para a atenção básica ou os Centros de Atenção Psicossocial.

## *Referências e indicações de leitura*

Conselho Federal de Psicologia et al. (2018). *Relatório da inspeção nacional em comunidades terapêuticas.* CFP.

Main, T. (1946). The hospital as a therapeutic institution. *Bulletin of the Menninger Clinic, 10*(3), 66-70.

Main, T. (1957). The ailment. *British Journal of Medical Psychology, 30*(3), 129-145.

Main, T. (1977). The concept of the therapeutic community: variations and vicissitudes. *Group Analysis, 10*(2), s2-s16.

Main, T. (1989). *The ailment and other psychoanalytic essays.* Free Association.

Rayner, E. (2020). Therapeutic community: the work of Tom Main. In E. Rayner, *The independent mind in British psychoanalysis* (pp. 205-207). Routledge.

# JOYCE MCDOUGALL (1920-2011)

# 32. A noção de desafetação

*Rodrigo Sanches Peres*

Freud (1894/1996) afirmou que os afetos podem ser desconectados de suas respectivas representações quando convertidos, deslocados ou transformados, como ocorreria, nessa ordem, na histeria, na neurose obsessiva e, por fim, na neurose de angústia ou na melancolia. A viabilidade de uma pessoa atacar inconscientemente as próprias emoções e destruir as significações a elas relacionadas não foi, portanto, considerada pelo pai da psicanálise. Todavia, Joyce McDougall, psicanalista de origem neozelandesa radicada na França, teorizou sobre os casos em que esse quarto destino afetivo seria atingido.

A autora o fez ao descrever um distúrbio da economia afetiva nunca antes identificado e criou o neologismo "desafetação" para designar-lhe (McDougall, 1984). Como se sabe, o prefixo latino *des-* sugere separação, perda ou desligamento. Logo, a composição do neologismo indica que o quadro psicopatológico em questão envolve o rompimento do indivíduo com seus sentimentos. A desafetação, consequentemente, leva a dificuldades severas quanto à apreensão de contrastes emocionais e ao estabelecimento de vínculos mais profundos (Bunemer, 1995).

Não obstante, a desafetação – sobretudo em situações de sofrimento psíquico – oportuniza a manutenção de relações fusionais que, em certo aspecto, recriam a ilusão de unidade corporal e mental com a figura materna que é típica da primeira infância (McDougall, 1985/2001). Na idade adulta, relações dessa natureza tendem a provocar a incapacidade de distinguir a si mesmo do outro. Por essa razão, engendram a eclosão de angústias arcaicas que, habitualmente, são decodificadas como ameaças biológicas e, assim, estimulam o corpo a se pronunciar mediante a utilização dos parcos recursos defensivos dos quais dispõe (Ferraz, 1997).

Partindo desse princípio, a desafetação, em última instância, pode ser considerada um fator de risco para o desenvolvimento de doenças orgânicas. A autora reforça essa linha de raciocínio ao acrescentar que a exclusão sumária do aparelho mental de representações carregadas de sentimentos intoleráveis, em contraste com a repressão e o recalque, não produz material inconsciente, pelo que torna inviável a formação de sintomas psíquicos (McDougall, 1989). Com isso, os afetos são reduzidos à pura expressão somática.

Em contrapartida, McDougall (1991) alertou que "todos temos tendência a somatizar toda vez que as circunstâncias internas ou externas ultrapassam os nossos modos psicológicos de resistência habituais" (p. 3). Ou seja: a desafetação não deve ser associada indiscriminadamente à eclosão de doenças orgânicas. Ainda assim, os sujeitos acometidos por tal distúrbio da economia afetiva são impelidos a apresentar reações orgânicas perante o sofrimento psíquico com maiores frequência e intensidade, em virtude da tendência a ejetar da consciência qualquer emoção potencialmente desestruturante (Peres, 2006).

Ressalte-se também que a desafetação leva o sujeito a buscar nos atos – e não no trabalho mental, como nas neuroses – o escoamento das tensões às quais é submetido (Caïn, 1985/2001). Tais atos se afiguram essencialmente como movimentos de exteriorização desprovidos de valor simbólico. Seguindo esse raciocínio, McDougall (1991) propõe que, na desafetação, um "agir compulsivo" é utilizado na tentativa de compensar uma marcante restrição funcional do aparelho mental. Esse tipo de expediente defensivo remete "às soluções encontradas por uma criança para sobreviver psiquicamente diante de um sofrimento de outro modo inelaborável" (McDougall, 1994, p. 76).

Vale frisar que, segundo McDougall (1989), perturbações relacionais da díade mãe-bebê constituem o fator etiológico central da desafetação. Afinal, a autora sustenta que, na primeira infância, a figura materna deve nomear os estados afetivos vivenciados por seu filho. O adequado desempenho dessa tarefa subsidia o acesso da criança à palavra e o desenvolvimento de sua capacidade de simbolização. Já nos casos em que a figura materna não cumpre a contento seu papel, os sinais pré-verbais que o bebê emite permanecem distantes de qualquer código linguístico. Logo, a criança se tornará incapaz de reconhecer os próprios sentimentos e integrá-los a seu psiquismo.

Alguns traços da desafetação aqui contemplados podem ser ilustrados por meio de informações sobre uma mulher de 64 anos, casada, empregada doméstica, a qual será chamada, para preservar seu nome verdadeiro, de Emília. Tal paciente foi submetida a um amplo processo de avaliação psicológica após ser diagnosticada com um recidiva oncológica. Verificou-se, a partir desse processo, que ela se caracterizava por uma importante limitação do trabalho mental, a julgar pela pobreza simbólica de suas cadeias associativas, bem como encontrava grande dificuldade para entrar em contato com a própria realidade interna e utilizá-la como referência para situar-se quanto à realidade externa.

A paciente em pauta demonstrou inclinação a respostas automáticas e ênfase em elementos concretos e objetivos ao discorrer sobre experiências de vida negativas, dentre as quais os diversos episódios de omissão e negligência de que, segundo seu relato, foi vítima durante a infância e a adolescência. Emília indicou, inclusive, que, em sua juventude, passou a lançar mão do engajamento em múltiplas atividades na tentativa de amenizar o sofrimento psíquico que experimentava, mas não dispunha de meios para exteriorizar. E aparentemente recorreu a essa estratégia, de modo inconsciente, frente aos diversos problemas de saúde que enfrentou ao longo de sua existência.

Ademais, as técnicas projetivas empregadas no processo de avaliação psicológica evidenciaram que Emília não era capaz de equacionar os afetos opostos com que frequentemente deparava no âmbito de seus relacionamentos interpessoais. Com isso, mantinha vínculos bastante frágeis e, habitualmente, protocolares. Por fim, é interessante mencionar que a plena evocação de conflitos se revelou inviável pelo recurso da paciente a verbalizações de conotação moral que a aprisionavam em uma espécie de inércia psíquica e denotavam uma cisão entre percepção e emoção.

## *Referências e indicações de leitura*

Bunemer, E. (1995). Desafetação: a dificuldade de investir no objeto. *Ide*, *26*, 28-42.

Caïn, J. (1985/2001). Contratransferência e psicossomática. In J. McDougall, G. Gachelin, P. Aulagnier, P. Marty, J. Loriod, & J. Caïn, *Corpo e história* (pp. 213-266). Casa do Psicólogo.

Ferraz, F. C. (1997). Das neuroses atuais à psicossomática. In F. C. Ferraz, & R. M. Volich (Orgs.), *Psicossoma: psicossomática psicanalítica* (pp. 23-38). Casa do Psicólogo.

Freud, S. (1894/1996). As neuropsicoses de defesa. In S. Freud, *Edição Standard Brasileira das Obras Psicológicas Completas de Sigmund Freud* (Vol. III, pp. 53-66). Imago.

McDougall, J. (1984). The "dis-affected" patient: reflections on affect pathology. *Psychoanalytic Quarterly*, *53*(3), 386-409.

McDougall, J. (1985/2001). Um corpo para dois. In J. McDougall, G. Gachelin, P. Aulagnier, P. Marty, J. Loriod, & J. Caïn, *Corpo e história* (pp. 9-46). Casa do Psicólogo.

McDougall, J. (1989). *Teatros do eu*. Francisco Alves.

McDougall, J. (1991). *Teatros do corpo: o psicossoma em psicanálise*. Martins Fontes.

McDougall, J. (1994). Corpo e linguagem: da linguagem do soma às palavras da mente. *Revista Brasileira de Psicanálise*, *28*(1), 75-98.

Peres, R S. (2006). O corpo na psicanálise contemporânea: sobre as concepções psicossomáticas de Pierre Marty e Joyce McDougall. *Psicologia Clínica*, *18*(1), 165-177.

# MARIA TOROK (1925-1998) E NICOLAS ABRAHAM (1919-1975)

# 33. Introjeção e incorporação: considerações clínicas

*Adriana de Camargo Andrade Omati*

*Me fala de novo, aquilo que você me falou semana passada. Quando você me falou aquilo, eu me acalmei, consegui ficar bem. No dia que vim fiquei bem, mas no dia seguinte já voltei a ter compulsão. Comi a geladeira inteira. Às vezes acho que preciso vir aqui todo dia, porque quando saio fica difícil, dá o vazio de sempre e daí eu como. Como era mesmo aquilo que você me falou?*

T.

Minhas palavras para T. são como aquilo que consome compulsivamente: a comida, as drogas e os parceiros sexuais que satisfazem de maneira provisória. Às vezes repete o que digo duas ou três vezes, para que possa "decorar" o que falei. Isso acontece também com outras palavras: T. sabe de cor muitas passagens de poesias, livros de que gosta e músicas. Esse consumo não passa pela digestão: T. não pode me dizer por que aquelas palavras reverberam nem muitas vezes sobre histórias ou sentimentos que viveu com os homens com que sai, tampouco se a comida estava saborosa, se as drogas foram divertidas ou se o que falei a fez sonhar. Minha presença e minha fala são portadoras de uma concretude objetal. Parece-me que essa objetalidade era necessária para que T. pudesse fazer uso desses dispositivos, como fazia uso dos outros objetos investidos de libido de sua vida: incorporando-os repetidamente.

Procurarei aqui apresentar o conceito de incorporação e introjeção a partir da obra de Nicolas Abraham e Maria Torok, elucidadores da vivência transferencial no caso de T. e de tantas outras situações clínicas. É importante ressaltar que esses processos psíquicos não são exclusivamente encontrados nos adoecimentos e nas patologias, mas são formativos e formadores da própria psique, como ressaltam Abraham, Torok (1987/1995) e Ferenczi, o criador do conceito de introjeção em 1909. Já o conceito de incorporação foi descrito por Freud pela primeira vez no ano de 1915, em nota aos *Três ensaios sobre a teoria da sexualidade* (1905), como um precursor oral canibalesco do processo de identificação. É uma observação clínica feita por Fernandes (2006) com a qual concordamos: esses mecanismos aparecem com frequência em casos nos quais há fixação em conteúdos mais primitivos e formadores do funcionamento psíquico.

Se Ferenczi é o responsável pela postulação do conceito de introjeção, Torok e Abraham (1987/1995) são autores que pesquisam profundamente suas implicações clínicas. Ao longo de seu trabalho, há uma procura por diferenciar entre o funcionamento da introjeção e da incorporação e suas respectivas relações com os objetos. É amplamente discutida em sua obra a maneira como o psiquismo e a linguagem são em si formados por ambos os mecanismos.

Não há diferenciação para o bebê no começo da vida se o que sente vem de dentro ou de fora de seu corpo. A introjeção e a incorporação "fazem parte da forma como o bebê aprende o mundo. É esse modo de apreensão que vai constituindo a estruturação do psiquismo com seus modos de proteção contra as ameaças internas e externas" (Fernandes, 2006, p. 262). Quando lhe é possível distinguir uma percepção objetiva da vivência subjetiva é que pode começar a procurar uma forma de comunicação entre o que se passa dentro e fora de si. Revelam-se então duas saídas ao bebê: expulsar o que é desagradável e absorver o que está no externo. Para Torok e Abraham (1987/1995), apesar de a introjeção e a incorporação relacionarem-se com fazer existir dentro do sujeito o objeto, existe grande diferença entre os dois. Ao contrário da introjeção, na incorporação não há aprendizado a partir da ausência. Os autores concordam com Ferenczi que a introjeção é a mais primitiva instauradora da dualidade prazer/desprazer no psiquismo, portanto, responsável pela instauração da própria sexualidade, ordenando e estruturando o aparelho psíquico.

Torok e Abraham (1987/1995) entendem a incorporação como particularmente reveladora do desejo de assimilar para si o objeto e o que este apresenta de bom. Essa procura tem como primeiro modelo o objeto alimentício e manifesta uma relação entre as pulsões de vida e as de morte, bem como o desejo de união e destruição. Fantasias de incorporação são herdeiras de uma perda sofrida pelo psiquismo e se relacionam com o introduzir algo no corpo, nele deter ou dele expulsar determinado objeto, seja inteira ou parcialmente. É para que a perda não seja "engolida" que se imagina engolir o que foi perdido na forma de objeto, recompondo a perda de maneira mágica. Para os autores, a incorporação procura absorver o que "falta", sob a forma de alimento real ou imaginário. Portanto, pode ser entendida como recusa do luto e de suas consequências, sendo a principal dessas o encontro com a perda. "A fantasia de incorporação denuncia uma lacuna no psiquismo, uma falta no lugar preciso em que uma introjeção teria ocorrido" (Abraham & Torok, 1987/1995, p. 245).

Em contraponto, na introjeção há:

> *Primeiramente a boca vazia, depois a ausência dos objetos torna-se palavras, finalmente as experiências das próprias palavras se convertem em outras palavras. Assim, o vazio original terá encontrado remédio para todas as suas faltas por sua conversão em relação de linguagem com a comunidade falante. Introjetar um desejo, uma dor, uma situação, é fazê-los passar pela linguagem numa comunhão de bocas vazias. É assim que a absorção alimentar, no sentido próprio, se torna a introjeção no figurado. Operar essa passagem é conseguir que a presença do objeto dê lugar a uma auto-apreensão da ausência (Abraham & Torok, 1987/1995, p. 246).*

A introjeção é um mecanismo em que há aprendizado a partir da ausência. Ferenczi a entendia como um processo – ao contrário de uma fantasia, correspondente à incorporação. A incorporação é responsável por um alargamento do ego cuja condição por excelência é designada no amor de transferência. Para o autor, esse conceito pode ser entendido "como a extensão do mundo externo do interesse, auto-erótico na origem, pela introdução dos objetos exteriores na esfera do ego" (Ferenczi, 1912/1991, p. 181). Como a incorporação, a introjeção é funcionamento constitutivo do aparelho psíquico, por meio da qual se pode lançar mão das representações. Esse mecanismo é, portanto, responsável pela linguagem e pelo processo de subjetivação.

Diferentemente, na incorporação a boca não pode articular certas frases ou enunciar palavras e o inominável será tomado pela própria coisa. "Não vindo as palavras da boca preencher o vazio do sujeito, este introduz no lugar uma coisa imaginária" (Abraham &

Torok, 1987/1995, p. 235). A boca não pode nutrir-se de palavras trocadas com outra pessoa e essa última será tomada como objeto na fantasia, a ser incorporado no lugar do que não tem nome.

Assim, se a incorporação e a introjeção se assemelham como mecanismos primitivos constituintes da psique e não necessariamente exclusivos da patologia, é importante atentar para suas manifestações mais marcantes na clínica, para ocupar-se das relações que os sujeitos que escutamos produzem com o mundo, o que inevitavelmente deixará marcas no campo transferencial. Saber do sofrimento que esses conceitos evidenciam na clínica é poder cuidar da materialidade que o analista por vezes deve suportar transferencialmente, enquanto objeto de interesse do paciente.

## *Referências e indicações de leitura*

Abraham, N., & Torok, M. (1987/1995). *A casca e o núcleo*. Escuta.

Ferenczi, S. (1909/1991). Transferência e introjeção. In S. Ferenczi, *Obras Completas* (Psicanálise I). Martins Fontes.

Ferenczi, S. (1912/1991). O conceito de introjeção. In S. Ferenczi, *Obras Completas* (Psicanálise I). Martins Fontes.

Fernandes, M. H. (2006). *Transtornos alimentares*. Casa do Psicólogo.

# 34. Cripta: um inconsciente paralelo

*Thiago Pereira Majolo*

No início da década de 1920, os psicanalistas Nicolas Abraham e Maria Torok passaram a questionar, com o intuito de ampliar a compreensão teórico-clínica, o conceito freudiano de luto e seus impactos psíquicos. Os casos clínicos que atendiam os deixavam inquietos. Algumas "doenças do luto", como eles vieram a nomear as condições psíquicas mais graves advindas de uma perda mal elaborada, traziam aspectos por vezes um tanto macabros, convocando os enlutados a repetições estranhas em suas vidas e a ações e falas deslocadas. Freud não foi capaz de ouvir atentamente o chamado do casal, que, anos mais tarde, abordou e desenvolveu o tema em forma de conceito clínico e metapsicológico em diversos artigos que acabaram, junto com outros, sendo compilados no livro *A casca e o núcleo*, de ambos os autores. Nesses escritos, o casal trazia à tona a compreensão do que eles vieram a chamar de *cripta*, um conceito de rara manifestação, mas de potência clínica aterradora.

A partir das contribuições de Ferenczi sobre o conceito de introjeção, que ganhava força no meio psicanalítico, Nicolas Abraham e Maria Torok vão perceber que havia sujeitos que não eram capazes de introjetar o objeto perdido, ou seja, não entravam propriamente no luto, esse processo que demanda do sujeito a questão: o que perdi ao perder esse objeto? Em outras palavras, como essa perda me transforma? No lugar dessa pergunta, esses sujeitos pareciam ter incorporado o objeto de um modo muito específico: criando uma espécie de inconsciente artificial, um lugar entre o inconsciente dinâmico do recalque e o eu, um "puxadinho" psíquico composto unicamente por uma fantasia na qual o objeto do luto era mantido na sua íntegra, vivendo uma vida paralela, em segredo, sem comércio associativo com o restante do psiquismo, de portas fechadas. Ali se estabeleceria um túmulo, uma *cripta* em que o morto viveria no pós-morte dentro do sujeito pulsante, fazendo-o agir e falar coisas fora de seu contexto, com a finalidade de nunca morrer e manter um certo *status quo.*

O que se busca manter intacto nessa fantasia de ter engolido o objeto é um desejo sexual não interditado, algo da ordem da realidade inominável, não elaborada, que permanece como um segredo que, escondido, busca realizar-se permanentemente. Como não se transforma em palavras, também não se metaforiza, e, portanto, não desloca seus significados; acaba por viver uma vida paralela, não recalcada, como se o morto vivesse dentro do vivo. O que isso quer dizer, afinal? Que o desejo proibido vive numa espécie de urna fúnebre dentro do sujeito.

Clinicamente, as manifestações da cripta são da ordem do bizarro para o analista: o analisando vai agir ou falar coisas despropositadas, como o menino que Abraham e Torok citam num dos seus artigos. Esse menino havia perdido a irmã mais velha que, antes de morrer, o seduzira. Quando chega a época em que a falecida irmã atingiria, caso ainda vivesse, a idade de 14 anos, o menino passa a cometer roubos em lojas de roupas íntimas femininas, porque a irmã precisaria, diz ele, de um sutiã. Esse rapaz, contam Nicolas e Maria, era portador de um segredo partilhado com a irmã, o segredo das brincadeiras sexuais que trocavam. Depois da morte dela, não podendo partilhar mais esse segredo, tampouco deixar de viver a satisfação que ele provocava, o menino tornou-se então portador de uma cripta, um lugar psíquico em que carregava sua irmã morta.

Certa vez, no consultório, recebi um analisando muito culto, bem-sucedido, simpático e com um repertório simbólico bastante neurótico, cujo único ponto que chamava atenção de modo mais evidente era a profunda transformação de sua vida após a morte do pai. O pai era uma figura um tanto distante na sua vida adulta, e ele se recusara a ir ao enterro ou mesmo visitar o túmulo. Ao longo dos anos posteriores, já em análise, a vida desse analisando passou a ganhar aspectos esquisitos, pouco condizentes com sua condição social ou mesmo sua estruturação psíquica. Certos delitos e atos de clandestinidade, que o colocavam em real perigo, passaram a se suceder, bem como uma espécie de tentativa de suborno a mim, uma tentativa de que eu me tornasse uma testemunha silenciosa de seus atos. Juntamente com esses eventos, algumas parcas e fragmentadas memórias do pai começaram a aparecer. Essas memórias remetiam a um pai que mantinha atividades clandestinas, apesar de sua reputação pública imaculada. Essas atividades aconteciam quando o analisando ainda era criança, e o pai o levava junto dele, como uma espécie de testemunha de sua ilegalidade. Era durante essas atividades que o pai compartilhava com o filho um segredo e, pela natureza do que fazia ilicitamente, tornava-se uma figura poderosa frente aos olhos infantis, que o percebiam como alguém sedutor, poderoso e, portanto, investido.

Esse filho, meu analisando, passou não somente a cometer atos ilícitos como também a questionar aspectos fundantes da sua vida e questionar radicalmente partes dela, incluindo sua homossexualidade, como se repentinamente, e de modo estranho a ele mesmo e sua história, se sentisse atraído por mulheres. Não importava o quanto eu pudesse sinalizar, interpretar... era praticamente impossível alcançar esse pai morto encriptado, que se manifestava cada vez mais evidentemente nos atos e nas falas do filho. Um dia, porém, quando abri a porta para o meu analisando, numa espécie de primeiro ato falho desse pai morto deslizando por alguma pequena rachadura no muro da cripta, ouvi a seguinte pergunta: "Como você sabe quando a gente já chegou na sala de espera?". Eu retruquei: "E quem é 'a gente'?".

Foi o começo de uma conversa que pôde incluir, no comércio associativo da análise, o pai encriptado, que finalmente aparecera em forma de palavras; no caso, como meu interlocutor direto. A partir desse momento, entre poltrona e divã, conversei ora com pai, ora com filho, e os sintomas foram paulatinamente retrocedendo, ainda que com muita resistência, pois a cripta é, acima de tudo, uma forma de escapar da interdição do desejo que, uma vez encriptado, cria uma realidade própria em que é capaz de ser sempre realizado, ainda que parcialmente e às custas da vida do seu portador.

## *Referências e indicações de leitura*

Abraham, N., & Torok, M. (1987/1995). *A casca e o núcleo*. Escuta.

Ferenczi, S. (1909/1992). O conceito de introjeção. In S. Ferenczi, *Obras Completas* (Psicanálise I). Martins Fontes.

Freud, S. (1917/1996). Luto e melancolia. In S. Freud, *Edição Standard Brasileira das Obras Psicológicas Completas de Sigmund Freud* (Vol. XIV). Imago.

Klein, M. (1940/1996). O luto e sua relação com estados maníaco-depressivos. In M. Klein, *Obras completas* (Vol. 1). Imago.

# JEAN LAPLANCHE (1924-2012)

# 35. Reafirmação do primado do outro em psicanálise

*Alfred Michaelis*

Freud descreve a psicanálise como etapa última de um processo cultural de descentramento: passando por Copérnico e Darwin, o homem deixa de ser senhor do universo e da natureza até que, com a psicanálise, ele não é mais o senhor nem do próprio psiquismo. Esse descentramento radical é, na visão de Jean Laplanche, a contribuição fundamental da psicanálise, mas, no seu entendimento, Freud não levou essa proposta a cabo, pelo contrário, por vezes rumou no sentido oposto ao fazer do inconsciente o que haveria de mais nuclear no indivíduo, como indicam formulações sobre a origem endógena das pulsões ou a noção de fantasias originárias ou um id imanente e essencial. Por conta disso, Laplanche descreve o pensamento freudiano – e também a psicanálise após Freud – como uma trança desses dois movimentos opostos, abertura ao outro (descentramento) e fechamento sobre si (centramento). Assim, assume como tarefa primeira reafirmar o que há de mais revolucionário na psicanálise: o primado do outro na gênese do inconsciente e da pulsão (Laplanche, 1997, p. XII).

O ponto de partida é a descoberta psicanalítica inicial, mais exatamente o que ficou conhecido como a *teoria da sedução*, segundo a qual as psiconeuroses decorreriam de experiências de abuso sexual sofridas na infância que escapariam ao entendimento da criança. Essas experiências implantariam assim um "corpo estranho" no interior do psiquismo, mas ao mesmo tempo não integrado a ele: um interno-externo que seria o germe para a constituição do inconsciente. Freud, entretanto, foi levado a abandonar essa teoria, pois nem sempre a experiência clínica conseguia chegar a tais cenas traumáticas e era inviável sustentar a universalidade dos casos de neurose com base em experiências acidentais.

Laplanche resgata essa teoria inaugural do pensamento psicanalítico e a amplia ao que nomeia de *teoria da sedução generalizada*. Para tanto, substitui seu conteúdo. Não mais um evento acidental causador de uma condição patológica, mas uma experiência universal, descrita como *situação antropológica fundamental*, que é a relação entre mãe e bebê. Uma relação dissimétrica que envolve, de um lado, uma mãe que possui um inconsciente e, de outro, um bebê em seu estado de desamparo. Relação da qual Laplanche acentua um aspecto essencial: a sedução da mãe sobre seu bebê.

Trata-se da situação na qual a criança, toda criança, vem habitar um mundo adulto que ela é incapaz de assimilar integralmente, tanto por conta de sua imaturidade quanto pela qualidade precária de certas *mensagens* emitidas pelo adulto. Apresenta-se então uma psicanálise sustentada sobre uma teoria da comunicação, na qual está incluído de forma privilegiada o não verbal, já que a linguagem verbal não está presente no bebê, tampouco no inconsciente.

Laplanche ressalta que a base da relação entre o adulto e a criança é a comunicação recíproca do apego e da ternura; ocorre, todavia, que essa comunicação é parasitada por mensagens comprometidas por fantasias sexuais inconscientes dos adultos, cujo significado é desconhecido inclusive para o próprio emissor da mensagem. São, portanto, *mensagens enigmáticas*. Embora desprovidas de significado, não deixam de ser marcadas por seu endereçamento, uma vez que a mensagem comunica algo para alguém, mesmo que não se saiba o quê. O receptor, por sua vez, inevitavelmente fracassará em suas tentativas de tradução dos elementos enigmáticos da mensagem, o que provocará a implantação de um resto não integrado, uma estrangeiridade bruta que perde até mesmo o endereçamento que a mensagem continha e passa a se referir a nada além de si mesma. Um fracasso de tradução, essa é a forma de Laplanche descrever o recalcamento originário.

O inconsciente assim descrito não é uma criação endógena, mas uma instauração de fora para dentro. Ele é um outro interno originado a partir dos restos intraduzíveis do outro externo, do adulto marcado por sua alteridade e por seus próprios enigmas. Diante desse quadro, conclui Laplanche: "A estrangeiridade interna 'mantida' pela estrangeiridade externa, a estrangeiridade externa mantida por sua vez pela relação enigmática do outro com seu próprio estrangeiro interno; tal seria minha conclusão sobre a revolução de descentramento proposta aqui no prolongamento da descoberta freudiana" (Laplanche, 1997, pp. XXXI-XXXII).

Essa concepção sobre o inconsciente é inseparável de uma teoria clínica laplancheana, que entende a situação analítica, com sua relação dissimétrica analista-paciente, como provocação para a reabertura dos enigmas infantis deixados pela dissimetria originária adulto-criança. A partir disso, o trabalho analítico consiste em identificar os fragmentos mais perceptíveis das mensagens sexuais endereçadas à criança e permitir que o paciente consiga dar a eles traduções mais amplas e flexíveis, que essas novas traduções alcancem fragmentos qualitativamente mais empobrecidos e, portanto, mais ocultos, buscando assim reconstruir a mensagem inicial da forma mais completa possível.

Reconstruir a mensagem significa elaborar enigmas propostos pelo outro interno (o inconsciente), restituindo o endereçamento da mensagem, o que, no final das contas, inevitavelmente resgata os enigmas propostos pelo outro externo (o adulto). Por essa razão, afirma Laplanche que o processo analítico deve considerar "a análise do adulto parental (ou daquele responsável pela criação) como tão pertinente à situação quanto as conjecturas atinentes à gênese do psiquismo da criança" (Laplanche, 2015, p. 228).

Como breve ilustração, trago o caso de uma paciente com questões bastante comuns de conflitos com sua sexualidade e sua feminilidade, mas que chegou a desenvolver longos períodos de depressão e episódios de autoagressão, como uma tentativa quando adolescente de cortar os lábios vaginais com uma tesoura. Ela se autodiagnosticava como histérica e tentava resgatar em sua memória alguma cena traumática de abuso sexual. Não conseguia recordar nenhum abuso, no entanto, tinha lembranças de, a partir da entrada na puberdade, sua mãe afastá-la de seu pai e se incomodar com a exposição do seu corpo dentro de casa. Isso a fazia pensar que a mãe estava ciente ou suspeitava de avanços incestuosos e precisava protegê-la. No decorrer das sessões foi-se construindo a ideia de que realmente teria ocorrido o impacto traumático de cenas de incesto, mas não se tratava de abusos realizados pelo pai, mas de fantasias de incesto introduzidas pela mãe. Ao reconstruir e analisar as comunicações da mãe, a paciente passou a considerar que, no final das contas, a histérica seria a mãe, e inclusive que a mãe poderia ter sido vítima de um abuso real.

Nesse exemplo, a mãe não figura como mero objeto para os investimentos da criança, em vez disso, vemos a invasão da sexualidade da mãe, estimulada pela puberdade da filha; invasão que somente muitos anos depois a filha pôde melhor simbolizar e se proteger à medida que foi teorizando sobre as fantasias inconscientes da mãe. Configura-se assim uma perspectiva que encontra na intersubjetividade um solo que serve para Laplanche erguer novos fundamentos para a psicanálise, e o que mantém esse solo firme é justamente o descentramento originário provocado pelo outro enquanto primado da constituição do inconsciente.

## *Referências e indicações de leitura*

Laplanche, J. (1992). *Novos fundamentos para a psicanálise.* Martins Fontes.

Laplanche, J. (1997). *Le primat de l'autre en psychanalyse.* Flammarion.

Laplanche, J. (2015). *Sexual.* Dublinense.

# 36. O inconsciente e o sexual

*Eduardo Name Risk*

Os conceitos abordados neste capítulo têm como origem a teoria da sedução generalizada, proposta por Laplanche (2003/2015) a partir de revisão da teoria da sedução de Freud. A constituição do aparelho psíquico e a socialização primária partem da relação assimétrica adulto-criança. Enquanto o adulto detém um inconsciente sexual, pré-genital, constituído com base em resíduos infantis, perversos e polimórficos, a criança ainda não apresenta um inconsciente, tampouco a separação pré-consciente/inconsciente, pois, na origem da vida, o aparelho psíquico não comporta um id/isso primordial.

No contato com a criança e nos cuidados – dar banho, ninar, acalentar etc. –, as mensagens transmitidas pelo adulto (emissor) não são passíveis de ser interpretadas/traduzidas na íntegra pela criança (receptor): os códigos capazes de decifrá-las são incipientes. São mensagens enigmáticas tanto para o adulto, pois contêm resíduos inconscientes e pré-genitais, quanto para a criança, incapaz de compreendê-las integralmente. Laplanche (2003/2015) intitula essa condição como situação antropológica fundamental, pois compreende a origem do aparelho psíquico no contexto de determinada cultura.

Esse processo de comunicação ocorre em dois tempos. Primeiramente, "a mensagem é simplesmente inscrita, ou implantada, sem ser compreendida" e, em um segundo momento, "a mensagem é revivificada do interior... [e] age como um corpo estranho interno que é preciso a todo preço integrar, controlar" (Laplanche, 2003/2015, p. 195).

Aos poucos, a partir do desenvolvimento da capacidade simbólica, o processo de tradução das mensagens adultas por parte da criança adquire coerência/sentido e funda o nível pré-consciente do aparelho psíquico, que representa a história de vida do sujeito e sua personalidade. No entanto, essa tradução nunca é perfeita, deixando resíduos, marcados pelo sexual, que compõem o inconsciente na acepção freudiana do termo, fruto do trabalho da criança de traduzir e remanejar as mensagens adultas. O inconsciente, para Laplanche, representa os sentidos que escaparam da tradução, pois estão parcamente coordenados entre si e apartados de seus contextos originais.

A partir da teoria da sedução generalizada, Laplanche (2003/2015) propõe que o sexual não deve ser confundido com a atividade sexuada ou com as práticas sexuais. O sexual difere-se do binarismo/dualidade do sexo que, com base no simbolismo, é dividido e fixado em masculino *vs.* feminino, fálico *vs.* castrado. O sexual, portanto, não se confunde com a biologia, pois corresponde aos resíduos infantis, polimórficos, múltiplos, organizados pelo inconsciente, pela fantasia e pelas experiências pré-genitais (oral, anal, paragenital).

A respeito das diferenças entre os gêneros, para Laplanche (2003/2015), "é a *criança* na presença do adulto que se interroga sobre essa diferença presente no adulto" (p. 163). Embora Freud nunca tenha feito menção ao termo gênero – nem poderia fazê-lo, pois *Geschlecht*, em alemão, significa simultaneamente sexo e gênero –, ele afirma que o par de oposição masculino-feminino é complexo. Gênero implica a designação: "conjunto complexo de atos que se prolongam na linguagem e nos comportamentos significativos do entorno. Poder-se-ia falar de uma designação contínua ou de uma verdadeira prescrição" (Laplanche, 2003/2015, p. 166-167), por exemplo, designar um nome, um sobrenome etc. A designação compreende tanto os aspectos socioculturais e estruturais de determinada sociedade como a interação imediata: os pais, irmãos, amigos, parentes etc. responsáveis por prescrever normas, orientar e nomear a criança.

Nas mensagens de prescrição/designação do gênero, conforme a teoria da sedução generalizada, a linguagem pré-consciente ou consciente dos pais, dos parentes, dos adultos, carrega ruídos, elementos do sexual, que interferem e comprometem o processo de comunicação, por meio de suas expectativas e fantasias. Por exemplo, embora um pai possa ter nomeado seu filho como "Pedro", inconscientemente ele desejava ter tido uma filha, uma menina. Portanto, no início da vida, gênero pode ser entendido como uma designação, uma mensagem, com a qual a criança se identifica por meio dos pais, pois são eles quem a nomeiam como pertencente a determinado gênero. Essa designação contempla o sexual, o inconsciente infantil do adulto, que pode contradizer as normas, as expectativas e o nome escolhido (Laplanche, 2003/2015).

Em outras palavras, o adulto designa um gênero à criança e transmite prescrições/normas/expectativas a respeito dele. No entanto, essa comunicação é ambígua, pois funda-se no inconsciente sexual dos pais. A criança, por sua vez, procura interpretar essa ambiguidade a partir da dualidade do sexo e recalca a pluralidade de conteúdos e códigos próprios da linguagem social do gênero. A multiplicidade do gênero, em que feminino e masculino se mesclam, permanece nos resíduos do sexual, mas no plano social restringe-se à dualidade e ao binário (Porchat & Firmino, 2021).

Essas questões podem ser contempladas em vinheta clínica documentada por Porchat (2014): Manoel, 32 anos, homem *trans*, passou por modificações corporais ao longo da adolescência e da vida adulta (hormonioterapia e mastectomia). Procurou análise em virtude de rompimento amoroso com uma mulher e da sensação de que sua vida "não tinha sentido". Ao longo de um ano de análise, passou a refletir sobre sua masculinidade. Segundo ele: "As mulheres, quando me conhecem, dizem que sou o que elas sempre esperaram de um homem: alguém sensível, compreensivo, que se interessa por elas e que gosta de escutá-las. Mas, depois de algum tempo, me chamam de fraco, chorão e de sentimental demais" (p. 115). Porchat aponta que Manoel realizou modificações corporais apesar de ter aparência masculina e consciência de seu interesse por mulheres. No entanto, por acasos da vida, foi sugerido que tomasse testosterona e fizesse mastectomia, embora ele não relatasse, na infância ou na adolescência, incômodo com seu corpo ou com seu sexo, sentimento comum entre pessoas transexuais.

À luz da teoria da sedução generalizada, proposta por Laplanche, pode-se interpretar que, embora na adolescência e na infância Manoel não sentisse que seu corpo, seu sexo, lhe eram estranhos, as normas e as prescrições relacionadas ao gênero levaram-no a realizar modificações corporais que não necessariamente foram integradas à sua personalidade. Em outras palavras, sugere-se que o corpo modificado, com características secundárias masculinas, não necessariamente foi elaborado como parte dele mesmo. Esse descompasso se faz presente em seus relacionamentos com mulheres que lhe consideram um homem sensível, característica considerada positiva, mas fraco, característica considerada negativa, dada a incapacidade da linguagem social do gênero de lidar com as ambiguidades e matizes do inconsciente sexual.

## *Referências e indicações de leitura*

Laplanche, J. (2003/2015). *Sexual: a sexualidade ampliada no sentido freudiano – 2000-2006*. Dublinense.

Porchat, P. (2014). A transexualidade hoje: questões para pensar o corpo e o gênero na psicanálise. *Revista Brasileira de Psicanálise, 48*(4), 115-124.

Porchat, P., & Firmino, F. H. (2021). Por que falar de gênero? In A. P. L. Brancaleoni (Org.), *Psicanálise e processos formativos: temas e experiências* (pp. 76-96). Fi.

# 37. Um conceito ampliado de identificação

*Marie Danielle Brülhart*

Para explorar a noção de identificação proposta por Jean Laplanche, é necessário antes assinalar que, quando ele elabora sua teoria da sedução generalizada, não somente ele transpõe a visão psicopatológica estabelecida inicialmente por Freud, mas institui a sedução da criança pelo adulto como um fator decisivo na gênese do aparelho psíquico sexual do bebê, ou seja, o ponto de partida do surgimento da pulsionalidade no ser humano.

Diferentemente de Freud, que em alguns textos estipulou a sexualidade infantil como sendo inata - por exemplo, "o neonato traz consigo germes de moções pulsionais" (Freud, 1905/2003, p. 160), Laplanche (1970) vai pensá-la como sendo instaurada pelo adulto desde as primeiras horas de vida da criança. Esse encontro primevo Laplanche (2003/2007) denomina situação antropológica fundamental e o define como "a relação verdadeiramente universal *entre uma criança* que não tem inconsciente geneticamente programado ('inocente geneticamente') e *um adulto* (e não necessariamente a mãe) [...] que é habitado por um inconsciente" (pp. 47-48, grifos do original).

Esse vínculo entre o adulto e a criança produz uma comunicação essencialmente assimétrica e parcialmente recíproca, que se dá por meio de diferentes códigos. O biológico, conhecido como apego, é veiculado por meio dos cuidados corporais como nutrição, higiene etc., e o código social contempla a linguagem e seus elementos culturais.

Ao longo dessa comunicação perpassam mensagens enviadas pelos adultos que Laplanche intitulou de enigmáticas, uma vez que são ocultas ao próprio adulto. Resgatando aqui uma das grandes descobertas de Freud (1905/2003), o inconsciente, habitado pela sexualidade infantil polimorfa, desinibida, "sem vergonha, sem nojo e sem moral" (p. 173), tão condenada e recalcada pelo futuro adulto, a chegada de uma criança desencadeia as pulsões desse inconsciente infantil do adulto.

Cabe à criança, pensada como hermeneuta, a árdua tarefa de traduzir esse bombardeio de mensagens. Apesar dos recursos decodificadores encontrados na cultura em que está inserida, a criança não terá ferramentas suficientes para simbolizar os desejos mais secretos e recalcados dos pais e de seu entorno, códigos estes eventualmente recalcantes também. É importante destacar que Laplanche[1] (2003/2007) concebe a identidade de gênero como sendo uma dentre as mensagens enigmáticas.

Assim, chegamos ao cerne da questão, que é o da *identificação*. Lembremos que Freud, ao trazer o conceito de identificação primária,

---

[1] Laplanche foi pioneiro em trazer para a psicanálise a noção de gênero independente das questões genitais/anatômicas (tópico sobre o qual Freud explorou o erotismo infantil), consoante com o surgimento dos estudos de gênero. Em 1973, definiu: "Convém designar por *sexo* o conjunto de determinações físicas ou psíquicas, comportamentos e fantasias, etc., diretamente ligados à função sexuada e ao prazer sexual. E por *gênero*, o conjunto de determinações físicas ou psíquicas, comportamentos, fantasias, etc., ligados à distinção: masculino-feminino" (Laplanche, 1973/1980, p. 33, grifos do original).

traz o exemplo do menino que quer tornar-se como o pai, seu ideal. "A identificação é a forma primeira e mais originária do laço afetivo" (Freud, 1920/2003, p. 100). No entanto, Laplanche (2003/2007) vai propor uma inversão vetorial à noção de identificação: "Não seria, mais que uma 'identificação com', uma '*identificação por*'? Em outros termos, eu diria: 'identificação primitiva *pelo* socius da pré-história pessoal'" (Laplanche, 2007, p. 168, grifos do original).

O autor especifica aqui que essa atribuição de gênero, tão enigmática quanto prescritiva, contempla um conjunto complexo de atos que se prolonga na linguagem, nos comportamentos e nas palavras do entorno. Laplanche insiste em demarcar esse entorno, que abre espaço para operar fora da triangulação edipiana, ampliando a atuação do grupo social dentro do qual a criança é acolhida. Trata-se do *socius* que abrange pais, família, amigos, escola, médico, ou seja, pessoas próximas, inscritas na cultura, mas não abrange a sociedade geral. Assim, os desígnios partiriam desse *socius*, ora contradizendo os desígnios manifestos, ora indo em sua direção, mas definitivamente afirmando a teoria do primado do outro.

No ambulatório no qual atendo adolescentes e adultos LGBTQIA+, e suas famílias em casos específicos, certa vez recebi um casal com uma criança de 4 anos, designado menino ao nascer. Os pais suspeitavam que a criança tivesse questões com seu gênero. Após várias entrevistas com a família, foi ficando evidente a repetida dinâmica: o pai sentado afastado e a criança sempre no colo da mãe brincando de peruca com os longos cabelos maternos, fazendo deles seus próprios cabelos. De acordo com o relato parental, em casa, quando não contava com os cabelos da mãe, o filho pegava panos ou toalhas para amarrar na cabeça de forma que parecesse cabelo comprido. A mãe achava aquilo engraçadinho e o pai desaprovava. Num determinado encontro, os pais contam que fora graças a essa segunda gravidez que a mãe tinha saído de uma depressão profunda.

Ao questioná-los sobre o que havia ocorrido com a primeira gestação, trazem a informação de que haviam perdido o bebê no último mês da gravidez, e que era uma menina.

Jamais será possível afirmar que essa mãe e/ou seu entorno tenham emanado mensagens relativas ao gênero do segundo bebê. No entanto, nos casos de transição de gênero, essas "coincidências" são bastante frequentes. Ou seja, situações nas quais a transição das crianças pode estar respondendo a incentivos secretos do *socius*, e, naturalmente, noutras vezes trata-se de outras questões, tão inúmeras quanto os recalques que povoam o inconsciente infantil de todo adulto.

É preciso constatar que a noção de identificação aqui apresentada não exclui aquela pensada por Freud, mas vem complementá-la de forma enfática pelo conceito exógeno, próprio do primado do outro. Em outras palavras, há um papel preponderante e atuante da identificação exercida pelo adulto em torno da criança, muito presente na clínica que trata das variabilidades e novas expressões de gênero. Nesse sentido, a contribuição da psicanálise mais ampliada de Jean Laplanche se torna fundamental.

## *Referências e indicações de leitura*

Freud, S. (1905/2003). Tres ensayos de teoría sexual. In S. Freud, *Obras Completas de Sigmund Freud* (Vol. VII). Amorrortu.

Freud, S. (1920/2003). Psicología de las masas y estudios del yo. In S. Freud, *Obras Completas de Sigmund Freud* (Vol. XVIII). Amorrortu.

Green, A., Grubrich-Simitis, I., Laplanche, J., Schimek, J. G., Chabert, C., Dejours, C., & Rolland, J. C. (2003). *Sur la théorie de la séduction*. In Press.

Laplanche, J. (1970). *Vie et mort en psychanalyse.* Flammarion.

Laplanche, J. (1973/1980). *Problématiques II: castration et symbolisations.* PUF.

Laplanche, J. (1992). *La révolution Copernicienne inachevée.* Aubier.

Laplanche, J. (2003/2007). *Sexual: la séxualité élargie au sens freudien - 2000-2006.* PUF.

# PIERRE FÉDIDA (1934-2002)

# 38. A depressão na obra de Pierre Fédida

*Lucas Simões Sessa*

A problemática da depressão ocupa posição central na prática clínica e na produção teórica do psicanalista francês Pierre Fédida, que prestou expressivas contribuições à sua compreensão e seu manejo. Suas formulações acerca do tema revelam o fôlego de um pesquisador rigoroso, capaz de circular com propriedade por diferentes ramificações do campo psicanalítico, articuladas a uma vasta experiência clínica, revelando ainda o fundamento autoral de suas propostas e a dimensão poética de sua escrita. No percurso de teorização admitido a partir das depressões, Fédida (1999) se ocupa de pensá-las nas relações que mantêm com outras categorias importantes, como o luto, a melancolia e a experiência existencial do vazio.

Para o autor, a depressão pode ser considerada um estado de funcionamento subjetivo apto a nos servir de modelo para pensar a própria estruturação do aparelho psíquico, entendida como depressividade, no sentido topológico, forjada na hiância, inerente à condição humana, entre o surgimento de uma necessidade e o encontro de sua satisfação, percurso que demarcará a extensão do arco pulsional (Fédida, 1999). Nesse contexto, o psiquismo se origina com a função de lidar com esse intervalo, como uma sala de espera, destinada ao trabalho de simbolização da ausência do outro. A operação do luto será paradigmática, então, da noção de trabalho psíquico como um todo, aproximando-se da teorização freudiana do eu como o precipitado das perdas e dos lutos do sujeito.

Simbolizar a ausência implica poder nomeá-la enquanto tal e remeter a possibilidade de satisfação a outro momento. É preciso haver disponibilidade para adiá-la e sustentar um acúmulo de estímulos, o que aponta para a existência de uma edificante dimensão temporal no cerne da construção do aparelho. Ou seja, as operações que o constituem podem ser entendidas como o estabelecimento de tempos, cumprindo funções mediadoras e reguladoras, responsáveis ainda pela configuração dos registros tópicos que o compõem. Tais ferramentas se fazem necessárias à medida que o sujeito humano, por sua prematuridade biológica e sua inscrição na linguagem, experimenta uma violência primordial, demandando a presença do outro, que desempenha um papel organizador desde a interpretação de seus desconfortos e tensões até a determinação de um objeto ao qual possam ser endereçados, na busca por restabelecer um estado de equilíbrio.

Partindo da escuta do discurso de pacientes deprimidos, em que narram a percepção subjetiva de um tempo que não passa, Fédida (1999) sugere estar em jogo aí um fracasso na simbolização da ausência, uma impossibilidade de realização do trabalho de luto, que seria então a operação fundante e definidora do aparelho psíquico por excelência. Nesse contexto, a experiência existencial do vazio, tão presente nessa clínica, sinaliza para o retorno a um arranjo anterior, primitivo, em relação à própria origem e fundação da psique, uma vez que a formatação depressiva se instaura a partir da não realização das elaborações que constroem o psiquismo e regulam seu funcionamento. Um vazio que atesta a presença do ausente e a falta da ausência, entendida como recurso simbolizante.

Na impossibilidade de estabelecer um tempo de espera pela satisfação e delimitar um percurso que sirva ao movimento de buscá-la, o que se instaura é um deserto vazio e inerte, um estado de suspensão. No entendimento do psicanalista, esse tempo parado e suspenso que caracteriza a depressão decorre da renúncia do sujeito a empreender o movimento do desejo, da pulsão, da fantasia, do sonho e da criação. Trata-se de uma operação de recolhimento, com a finalidade de preservar sua integridade narcísica, mantida ao abrigo de eventuais frustrações, advindas das apostas e dos investimentos libidinais oriundos da construção e da sustentação dos projetos e laços que compõem uma existência.

Afastando-se de uma leitura estruturalista, que vincularia o estado depressivo à clínica das neuroses e o quadro clínico da melancolia ao campo das psicoses, Fédida (1999) estabelece uma relação de continuidade entre elas. A paralisia do deprimido é concebida como proteção do aparelho contra o desmoronamento narcísico da melancolia, marcada pela radicalidade de uma invasão do objeto ausente, tomado como perdido, na vida psíquica do sujeito. Ambas compartilham a propriedade de operar o desvelamento de uma verdade última acerca da condição humana, da qual deriva o lugar atribuído às depressões e às melancolias no imaginário social, como portadoras de um saber profundo, uma lucidez inabalável, uma rejeição obstinada do ilusório e do alienante, ao que o imperativo irrevogável da finitude confere um pano de fundo *nonsense* ao esforço de investir e apostar na vida.

No intuito de refinar as elaborações esboçadas até aqui, nos apoiaremos em algumas passagens de um trabalho clínico no qual acreditamos encontrar pilares fundamentais para a compreensão do fenômeno em questão. Trata-se de um senhor encaminhado pelo seu psiquiatra, por quem já era acompanhado há anos, sem nunca ter aceitado suas orientações para que iniciasse uma análise, argumentando não ver sentido nessa tentativa e se sentir desconfortável em expor sua intimidade a um desconhecido. Chega para as primeiras entrevistas dizendo estar ali trazido pela insistência do médico, mas me adianta que não mantém grandes esperanças de que algo possa ser diferente. Nosso trabalho tem início precisamente na marcação, em seu discurso, de uma expectativa por mudanças, abrindo caminho para a interrogação acerca do que gostaria que se transformasse e como acredita que poderia se envolver nessa busca.

A queixa inicial apresenta-se ampla e difusa, nomeada como uma impossibilidade de empreender e sustentar projetos próprios, com os quais se considere satisfeito e realizado. A morte de um cão, grande companheiro, funciona como evidência de que os esforços acabam não valendo a pena, pois, no final, a perda é inevitável. Aficionado por arte, sobretudo pinturas e esculturas, é assíduo frequentador de galerias e exposições, mas revela ser penosa a experiência de não poder adquirir todas as obras que gostaria. Descreve seu apartamento como abarrotado de quadros e se vê às voltas com dívidas aflitivas, decorrentes da compra de telas e outras produções artísticas. Conta que até gostaria de ingressar profissionalmente nesse meio, mas suas demandas prévias por garantias são tantas que qualquer passo nessa direção se torna um risco intolerável. Mesmo em sua atividade atual, em que se exige um movimento ativo de anunciar seu trabalho e gerar oportunidades junto a possíveis clientes, sente-se constrangido em ofertar e vender, o que revelaria uma necessidade desesperada de ajuda.

Meus apontamentos incidem aí, sobre sua busca por certezas e definições antecipadas, bem como seus ideais de autossuficiência e autonomia absolutas, notando seu esforço em manter-se protegido de qualquer frustração, solidamente situado à margem da transitoriedade, em sua fortaleza inalterável, em que nada parece poder faltar. Em uma sessão, propõe uma imagem que me pareceu bastante precisa na nomeação do seu sofrimento, na formulação de suas idealizações e na síntese do que está em jogo na clínica das depressões: "não consigo entender", ele diz, "a comemoração dos jogadores quando vencem um campeonato. No ano que vem não vai começar tudo de novo? Eles não vão ter que disputar outra vez?". Brinco que ele só comemoraria o título de um torneio que valesse então por todas as disputas e pudesse atestá-lo como eterno campeão. Ele ri, e encerramos a sessão naquele ponto.

## *Referência e indicação de leitura*

Fédida, P. (1999). *Depressão*. Escuta.

# 39. O sonho e a obra de sepultura: um lugar para os mortos que o deprimido carrega em si

*Luciano Bregalanti*

Uma mulher de aproximadamente 60 anos que buscara tratamento por sentir-se cronicamente deprimida trazia recorrentemente para suas sessões sonhos em que aparecia uma figura embaçada, de contornos pouco nítidos, cujo rosto lhe era indecifrável, mas cuja presença frequente em suas noites a remetia a algo ou alguém familiar, embora não pudesse precisar o que ou quem.

O desenrolar de sua psicanálise desvelou paulatinamente a existência de perdas significativas recalcadas em sua história, negligenciadas por seu círculo familiar e levadas ao esquecimento sob o disfarce da superação e da pressa em retomar uma pretensa normalidade cotidiana. Dentre elas, a morte do pai havia sido especialmente dolorosa, mas como que apagada da memória familiar, meio em que esse acontecimento se tornou verdadeiro interdito. Adoecido por muito tempo, ele havia sido tratado cotidianamente como uma espécie de estorvo pelos familiares, mas incluído no discurso manifesto com uma série de compensações morais e religiosas encobridoras do ódio latente por esse corpo que a cada dia se deteriorava.

Já adulta, seguiu em um brilhante percurso profissional como médica, destacando-se em um campo de estudos e pesquisas dedicado justamente a tratar e curar o mal de que seu pai padecera. Paradoxalmente, ela fizera de seu cotidiano o debruçar-se sobre a memória do pai. Era, contudo, ao cansaço e à pressão do trabalho que ela associava inicialmente a desvitalização sentida quando começou a cogitar-se deprimida.

Em determinado momento, em meio a um longo e lento processo analítico, a dimensão de perda relativa a uma separação amorosa veio a mobilizar toda uma cadeia anterior ligada psiquicamente pelo luto. Foi então que a morte do pai se tornou objeto propriamente em suas sessões.

A figura indistinta que continuava a visitar seus sonhos veio a partir daí tornar-se gradualmente objeto de sua curiosidade, objeto de análise, e ao examiná-la e dela ousar se aproximar, como quem sutilmente tateia no escuro para assim reconhecer uma silhueta, a figura passou a ganhar contornos mais nítidos e posteriormente esboços de um rosto. Pressentindo e apostando que aquela figura era seu pai, a noite passou a ser ocasião em que angústia e anseio permeavam um mundo psíquico um tanto ameaçador, mas vivo. Em suas palavras, o que construímos em análise foi sua possibilidade de retomar uma conversa com o pai, interrompida por sua morte e impedida pelo luto desautorizado que sucedera seu desaparecimento.

Diante da evidência clínica de sonhos indistintos, como o dessa paciente, Fédida (2001/2009a) notou sua semelhança com sombras e percebeu como seu estado remete a almas penadas, mortos em uma espécie de umbral, em busca de um lugar de memória que lhes foi negligenciado.

Aprofundamento daquilo que Fédida (2001/2009b) chamou de depressividade do luto (*grosso modo*, a capacidade de reapropriação do psiquismo de uma temporalidade própria, no seio da transformação interna atrelada à experiência de perda), o sonho realiza um trabalho, uma "obra de sepultura" como a nomeou (Fédida, 2001/2009a), oferecendo aos mortos o lugar de que são dignos, acessando afetos interiorizados por tonalidades de imagem que permitem por vezes distinguir uma voz, ver um gesto. Estar deprimido remete a um estado afetivo permeado pela ignorância de sua condição, em razão do esquecimento de seus mortos. Uma espécie de luto impossível, mantendo o morto como que emparedado, sem abrigo próprio.

O destino aos mortos é em toda sociedade um organizador central das relações sociais. As celebrações e os rituais fúnebres buscam a inscrição da perda na história dos descendentes e no mundo simbólico da comunidade. O trabalho de luto responde então à satisfação da memória dos mortos, integrando sua memória ao mesmo tempo cultural e psiquicamente. Um espaço e um tempo são, portanto, necessários para que um destino subjetivo seja erigido à perda a partir do reposicionamento simbólico em torno dos lugares outrora ocupados e doravante transformados face aos mortos.

A melancolia é justamente o corolário do erro de ter negligenciado seus mortos e os privado de lugar próprio. O estado deprimido, nesse sentido, é uma tentativa de conservação psíquica de um morto esquecido, ao custo de tornar-se a si mesmo sepultura. "Na maioria dos estados deprimidos (para não dizer em *todos*)", escreveu Fédida (2001/2009c, p. 87), "o trabalho analítico com o paciente faz descobrir que um forte recalcamento refere-se a uma morte desapercebida".

A obra de sepultura é, então, o esquecimento tornado impossível, já que prepara um lugar intermediário cuja função é assegurar a comunicação entre vivos e mortos. No seio dos rituais funerários, como se sabe, os aspectos do morto que serão ou não conservados para além do cadáver têm posição especial. O verbo latino do qual sepultura deriva, *Sepelio*, remete justamente à edificação de um lugar em que o cadáver possa repousar e o nome do morto possa ter sua memória zelada, simultaneamente permitindo aos vivos manter contato.

Memória da intimidade do corpo, a sepultura remete ao afastamento do pensamento cadavérico, do pensamento melancólico do corpo em estado de decomposição, construindo uma forma que permite a conservação da memória do morto em sua aparência viva. O esquecimento levaria a uma cadaverização simbólica do desaparecido negligenciado. Um espaço capaz de evitar isso, construído pela imagem singular da expressão do desaparecido, é, portanto, vital. E é somente o sonho, pensou Fédida (2001/2009a), que possui a verdadeira memória dos mortos.

Enquanto não são reconhecidos e articulados a um trabalho de luto, os sonhos indistintos de certa forma imobilizam o sonhador, vingando os mortos ao tirar sua capacidade de convocar ou excluir por si as pessoas que o visitam em seu sono. O trabalho de luto protege e permite interiorizar o tempo da memória, mas também do esquecimento, num frágil equilíbrio que visa ao pagamento da dívida simbólica do sobrevivente por ter permanecido vivo após a morte de quem lhe era tão significativo. Por isso, o deprimido está de certo modo impossibilitado da capacidade de viver a ausência quando na presença efetiva do analista, por exemplo. Os sonhos indistintos podem angustiar o terapeuta pela estranheza de suas sombras e o silêncio do deprimido faz o terapeuta viver a ameaça do desaparecimento.

Para Fédida (2001/2009a), a capacidade depressiva (diferentemente do estado deprimido, equivalente ao luto impossível) funciona como proteção contra a ameaça representada pela melancolia. O deprimido por vezes engana o clínico, pois mantém uma posição paradoxal em relação à perda, ao se defender da morte simulando-a.

Por isso, a aceleração do tempo é perigosa nos tratamentos de pacientes deprimidos. A depressividade do analista, transferencialmente pautada pelo sonho, almeja justamente alcançar uma temporalidade que permita restituir/criar a capacidade depressiva do paciente, o que significa, em certos momentos de angústia intensa, poder sustentar a capacidade de ausência, o silêncio.

Daí que sonhos indistintos, com suas estranhas figuras que não se deixam reconhecer, podem oferecer ao analista sinais que demandam escuta delicada e tempo. Se os mortos que vagam pela memória sem lugar próprio puderem reclamar sua dignidade, terapeuta e paciente terão à sua disposição a matéria-prima para um longo, árduo, mas também vivificante trabalho.

## *Referências e indicações de leitura*

Fédida, P. (2001/2009a). O sonho e a obra de sepultura. In P. Fédida, *Dos benefícios da depressão: elogio da psicoterapia* (pp. 99-110). Escuta.

Fédida, P. (2001/2009b). Depressividade do fantasma: luto e depressão. In P. Fédida, *Dos benefícios da depressão: elogio da psicoterapia* (pp. 53-76). Escuta.

Fédida, P. (2001/2009c). Mortos desapercebidos. In P. Fédida, *Dos benefícios da depressão: elogio da psicoterapia* (pp. 87-98). Escuta.

# 40. A alteridade do inconsciente e a situação analítica: o lugar do analista como sítio do estrangeiro

*Mauricio Rodrigues de Souza*

Nosso percurso introdutório pelas ideias de Pierre Fédida privilegiará alguns trabalhos em que o autor enfatiza a importância de que, como forma de garantir tanto a especificidade quanto a validade da clínica analítica, o psicanalista invariavelmente mantenha a si mesmo no chamado *sítio do estrangeiro*, pois somente a neutralidade desse lugar de silêncio e não resposta garantiria ao outro (ou seja, ao analisando) travar contato com a alteridade do seu próprio inconsciente. É, portanto, a partir dessa perspectiva que Fédida (1988) alerta para os riscos de uma identificação do analista com o lugar a ele sugerido pela fala do analisando. Afinal, tal processo poderia minar a situação analítica, fazendo brotar dela algo sinistro ou inquietante: a contratransferência como retorno sobre o analista das sombras transferenciais que ele não teria conseguido conter após produzi-las a partir da sua pessoa.

Aqui os temas da linguagem, da familiaridade e da distância se apresentam na ordem do dia. Assim é que, em um trabalho posterior, Fédida (1991) destacará a capacidade da língua em, ao nomear as coisas, delas determinar uma distância "justa", distância esta necessária para que o nomeado revele *a si mesmo*. Nessa direção, temos na situação analítica algo próximo a um ato poético que aparece como apropriação do próprio a partir de uma tradução, de uma metáfora e, importante, de uma transferência de sentido para além daquela que a função descritiva ou comunicativa da língua aplaina e, com isso, simplifica. Para que tal ocorra, entretanto, deve compor a situação analítica um necessário fundo de silêncio solicitado pelas coisas para que elas, *sempre a partir do seu próprio desenho*, possam se deixar traduzir pela língua. Tendo isso em mente, Fédida nos auxilia a pensar a escuta na clínica psicanalítica não em termos de uma intenção pragmática ou metacomunicativa, mas no estrangeiro que nela reside.

Fédida ainda enfatiza a natureza particular da ética que regulamenta o encontro analítico, o qual pressupõe uma neutralidade que permita a escuta de uma fala transferencial cujo destinatário é um *ausente* que deve ser significado ao analisando pela via da interpretação e que sob hipótese alguma confunde-se com a pessoa do analista. De volta ao tema da linguagem, Fédida propõe que é essa mesma ambiguidade essencial que orientaria o fenômeno transferencial e o lugar de estrangeiro do analista apareceria no discurso do analisando, qualificado como sintoma e, consequentemente, formação de compromisso. Qual a implicação disso? Bem, que faria parte da função do analista possibilitar a separação da intenção presente no enunciado consciente daquela outra mensagem subliminar que, a partir daí, poderia ser lida como manifestação de um desejo reprimido de natureza infantil.

Dito de outra maneira, Fédida chama a nossa atenção para o fato de que o poder de ressonância das palavras proferidas na situação transferencial é despertado e se manifesta *a partir do silêncio do analista*. E de que a não resposta desse estrangeiro mobiliza uma por vezes ensurdecedora ressonância a ser produzida e identificada *pelo próprio paciente* em um discurso que, embora atual, permita a escuta de um desejo inatual. Com isso, ao mesmo tempo que propõe que a instalação de uma análise somente ocorreria na quebra da estrutura da língua como recurso metacomunicativo – papel da livre associação –, Fédida reafirma os riscos embutidos na confusão da *função do analista* com a sua própria pessoa. Ou seja, em uma ilusão de simetria que anularia tanto as potencialidades da fala quanto a emergência do terceiro ausente a quem o discurso do analisando se dirigiria por intermédio da transferência, fenômeno único e impassível de tradução ou reprodução exata. De acordo com tal ótica, temos mais uma vez *na linguagem* – e não no analista em si – o verdadeiro interlocutor em psicanálise.

Pois bem, acompanhemos agora uma vinheta clínica que ilustra bem as ideias desenvolvidas até aqui. Nela temos Adriana (nome fictício), de 38 anos, que procurou a análise em função de uma relação amorosa cheia de conflitos. Passados alguns meses, já divorciada e procurando refazer a vida, ela teve uma notícia que, pelo menos em princípio, trouxe-lhe enorme alegria: havia passado no concurso de um importante banco, projeto no qual havia investido horas e horas de estudo. Com isso, Adriana precisou interromper as sessões presenciais, já que deveria se mudar para a cidade onde havia sido lotada. Combinamos, porém, que manteríamos as sessões online assim que possível.

Após algumas semanas, Adriana solicita um único atendimento em caráter de urgência. Na tela do celular, aparece chorando e com uma fala diferente daquela da última sessão presencial, em que abordara com tanta alegria sua vitória no campo profissional. Adriana agora anunciava sua decepção em relação àquele projeto de vida tão sonhado, pois conhecera a cidade e a agência em que seria lotada e sobre elas dizia: "Aqui é o fim do mundo! Não tem nada e nem ninguém aqui! Se eu ficar aqui, eu vou enlouquecer!". No caso, a urgência em falar vinha acompanhada de uma demanda específica: a de que *eu* lhe dissesse o que fazer quanto a tomar ou não posse do cargo para o qual havia sido selecionada após anos de expectativa.

Vale acrescentar que, dessa vez, Adriana não se dizia disposta a desenvolver um trabalho mais sólido em termos de fala. Tudo o que afirmava querer se concentrava em uma única pergunta e ela se endereçava à minha figura como seu analista: "Doutor, o que devo fazer? Será que eu fico mesmo aqui nessa vaga, nessa cidade?". A isso lhe respondi com um longo silêncio. Mas não um silêncio qualquer, uma mera ausência de palavras, e sim um silêncio necessário ao próprio trabalho de análise. Silêncio, portanto, simultaneamente como distância, linguagem e convocação para que o sujeito pudesse falar *por si* sobre o seu desejo. E assim a sessão foi encerrada não com uma *fala de resposta* específica, mas com um convite para que Adriana retomasse o trabalho de análise que havia interrompido.

Com efeito, tanto a argumentação de Pierre Fédida quanto a ilustração clínica expostas nos parágrafos anteriores apontam para a considerável dificuldade de falarmos em intersubjetividade no contexto da psicanálise. Bem, a não ser que a utilização de tal conceito extrapolasse uma condição de diálogo de pessoa para pessoa, levando em conta a referência a um outro transferencial, que marcaria o tipo bastante peculiar de encontro que tem lugar na clínica psicanalítica. Ou seja, a não ser que se pudesse pensá-la como uma relação a dois necessariamente assimétrica e (já que) instanciada por um terceiro ausente. Qual o objetivo de Fédida em tudo isso? Mais uma vez, salientar o valor do espanto com a perene estranheza da transferência (leia-se: do inconsciente) como espécie de antídoto diante dos perigos representados pelo esquecimento ou negligência da radical alteridade inerente à função do analista. Assim, enaltecer ainda a virtude da linguagem, interlocutor último do fenômeno transferencial e, com ele, da própria psicanálise.

## *Referências e indicações de leitura*

Fédida, P. (1988). A angústia na contratransferência ou o sinistro (a inquietante estranheza da transferência). In P. Fédida, *Clínica psicanalítica: estudos* (pp. 67-94). Escuta.

Fédida, P. (1991). O sítio do estrangeiro. In P. Fédida, *Nome, figura e memória: a linguagem na situação psicanalítica* (pp. 51-64). Escuta.

Fédida, P. (1996). *O sítio do estrangeiro: a situação psicanalítica*. Escuta.

# Sobre os autores

**Adriana Barbosa Pereira** – Psicóloga pela Universidade Federal de Minas Gerais (UFMG), psicanalista, professora no curso de Psicologia e no curso de especialização em Teoria Psicanalítica da Pontifícia Universidade de São Paulo (PUC-SP), mestre e doutora pelo Instituto de Psicologia da Universidade de São Paulo (IPUSP). Membro do Grupo Brasileiro de Pesquisas Sándor Ferenczi (GBPSF). Formadora em Saúde Mental da Infância e Juventude.

**Adriana de Camargo Andrade Omati** – Psicóloga e psicanalista clínica, membro do Departamento de Psicanálise do Instituto Sedes Sapientiae, com mestrado em Psicologia Clínica e graduação em Psicologia pela Pontifícia Universidade Católica de São Paulo (PUC-SP). Especializada em Psicopatologia e Saúde Pública pela Universidade de São Paulo (USP) e formada em Acompanhamento Terapêutico pelo Instituto A Casa.

**Alcina Juliana Soares Barros** – Psiquiatra judiciária do Tribunal de Justiça do Rio Grande do Sul (TJRS), especialista em Psiquiatria Forense pela Associação Brasileira de Psiquiatria/Associação Médica Brasileira (ABP/AMB) e pela Universidade Federal de Ciências da

Saúde de Porto Alegre (UFCSPA) e doutora em Psiquiatria e Ciências do Comportamento pela Universidade Federal do Rio Grande do Sul (UFRGS). Psicoterapeuta de orientação analítica pelo Centro de Estudos Luís Guedes (CELG) e membro da *American Academy of Psychiatry and the Law.*

**Alfred Michaelis** – Psicólogo pelo Instituto de Psicologia da Universidade de São Paulo (IPUSP), bacharel em Filosofia pela Faculdade de Filosofia, Letras e Ciências Humanas da mesma instituição (FFLCH-USP) e mestre em Psicologia Social pelo IPUSP, com especialização em Psicanálise pelo Instituto Sedes Sapientiae.

**Ana Lúcia Mandelli de Marsillac** – Psicanalista, professora adjunta da Universidade Federal de Santa Catarina (UFSC) e membro da Associação Psicanalítica de Porto Alegre (APPOA). Coordenadora do grupo de pesquisa Psicanálise, Processos criativos e Interações Políticas (LAPCIP) e do projeto de extensão Acompanhamento Terapêutico: clínica e criação na cidade (UFSC). Bolsista PQ do CNPq.

**Angélica Bastos** – Psicanalista e professora do Programa de Pós-Graduação em Teoria Psicanalítica da Universidade Federal do Rio de Janeiro (UFRJ). Membro da Escola Brasileira de Psicanálise (EBP) e da Associação Mundial de Psicanálise (AMP). Possui doutorado em Psicologia Clínica pela Pontifícia Universidade Católica de São Paulo (PUC-SP) e pós-doutorado pela Université de Paris 8.

**Christiane Carrijo** – Professora do Departamento de Psicologia da Universidade Estadual Paulista "Júlio de Mesquita Filho" (Unesp), *campus* Bauru, doutora em Filosofia pela Universidade Federal de São Carlos (UFSCar) e mestre em Psicologia Clínica pela Pontifícia Universidade Católica de São Paulo (PUC-SP). Membro do Núcleo de Estudos, Extensão e Pesquisas em Psicanálise (NEEPPSICA) da Faculdade de Ciências da Unesp.

**Clarissa Metzger** – Psicóloga e psicanalista, membro da Escola de Psicanálise dos Fóruns do Campo Lacaniano (EPFCL). Professora do curso de graduação em Psicologia da Pontifícia Universidade Católica de São Paulo (PUC-SP). Doutora em Psicologia Clínica pelo Instituto de Psicologia da Universidade de São Paulo (IPUSP). Autora do livro *A sublimação no ensino de Jacques Lacan* (Edusp, 2017), finalista do Prêmio Jabuti 2018, e de outros livros e artigos.

**David Borges Florsheim** – Graduado em Psicologia pela Pontifícia Universidade Católica de São Paulo (PUC-SP) e em Ciências Sociais pela Universidade de São Paulo (USP). Especializado em Psicologia da Saúde e em Psicoterapia Psicodinâmica dos Transtornos de Personalidade pela Escola Paulista de Medicina da Universidade Federal de São Paulo (EPM-Unifesp). Mestre em Psicologia Clínica pela PUC-SP e doutor em Psicologia Experimental pelo Instituto de Psicologia da USP (IPUSP).

**Douglas Rodrigo Pereira** – Psicanalista, mestre em Psicologia Clínica e doutorando em Psicologia Experimental pelo Instituto de Psicologia da Universidade de São Paulo (IPUSP). Bolsista CNPq. Membro do Grupo Brasileiro de Pesquisa Sándor Ferenczi (GBPSF), do Departamento de Psicanálise Experimental (PSE) do IPUSP e do Laboratório Interinstitucional de Estudos da Intersubjetividade e Psicanálise Contemporânea (LipSic), da USP e da Pontifícia Universidade Católica de São Paulo (PUC-SP).

**Eduardo Name Risk** – Professor adjunto do Departamento de Psicologia do Centro de Educação e Ciências Humanas da Universidade Federal de São Carlos (UFSCar), psicólogo e bacharel em Psicologia pela Universidade de São Paulo (USP), *campus* Ribeirão Preto. Mestre e doutor em Psicologia pela mesma instituição.

**Érica Almeida Coelho** – Psicóloga pela Universidade Federal da Bahia (UFBA) e mestre em Psicologia Clínica pela Universidade

Nacional da Colômbia (UNAL). Psicoterapeuta, supervisora e professora na clínica infantojuvenil com base na teoria do apego.

**Fernanda Barcellos Serralta** – Psicóloga e psicoterapeuta. Especialista em Psicologia Clínica pelo Conselho Federal de Psicologia (CFP), mestre em Psicologia Clínica pela Pontifícia Universidade Católica do Rio Grande do Sul (PUCRS) e doutora em Psiquiatria pela Universidade Federal do Rio Grande do Sul (UFRGS). Membro convidado do ESIPP – Estudos Integrados em Psicoterapia Psicanalítica.

**Gina Tamburrino** – Psicóloga, psicanalista, membro docente e supervisora do Departamento de Formação em Psicanálise do Instituto Sedes Sapientiae. Doutora em Psicologia Clínica pela Pontifícia Universidade Católica de São Paulo (PUC-SP) e coordenadora e professora do curso de aperfeiçoamento "Para além da contratransferência: o analista implicado", da mesma instituição.

**Gustavo Dean-Gomes** – Psicanalista, mestre em Psicologia Clínica pela Pontifícia Universidade Católica de São Paulo (PUC-SP) e doutorando no Instituto de Psicologia da Universidade de São Paulo (IPUSP). Participante do Laboratório de Pesquisas e Intervenções em Psicanálise (psiA) da USP, membro do Grupo Brasileiro de Pesquisa Sándor Ferenczi (GBPSF) e Professor do Centro de Estudos Psicanalíticos de São Paulo.

**Gustavo Henrique Dionisio** – Psicanalista, professor no Departamento de Psicologia Clínica da Faculdade de Ciências e Letras (FCL) da Universidade Estadual Paulista "Júlio de Mesquita Filho" (Unesp), *campus* Assis.

**Gustavo Vieira** – Psicanalista e psicólogo clínico. Doutor em Psicologia Clínica pela Universidade de São Paulo (USP). Graduado e mestre em Psicologia pela Universidade Federal do Paraná (UFPR). Integrante do Espaço Potencial Winnicott (Instituto Sedes Sapientiae) e do grupo de pesquisa Clínica de Grupos e Instituições: Abordagem Psicanalítica (USP).

**Hélio Cardoso de Miranda Júnior** - Doutor em Psicologia Clínica pela Universidade de São Paulo (USP), com pós-doutorado pela Universidade Federal de Minas Gerais (UFMG). Professor do Departamento de Pós-Graduação em Psicologia da Pontifícia Universidade Católica de Minas Gerais (PUC Minas), onde leciona Teoria e Clínica Psicanalíticas. Coordenador do curso de especialização *lato sensu* Clínica Psicanalítica na Atualidade: contribuições de Freud e Lacan.

**Laerte de Paula** - Psicanalista e escritor, mestre em Psicologia Clínica pela Pontifícia Universidade Católica de São Paulo (PUC-SP) e membro pesquisador do Instituto VOX de Pesquisa em Psicanálise.

**Leif Grünewald** - Pós-doutorando no Programa de Psicologia Clínica da Pontifícia Universidade Católica do Rio de Janeiro (PUC-Rio) e professor do quadro permanente do Departamento de Filosofia e Ciências Sociais da Universidade do Estado do Pará (DFCS/Uepa).

**Lucas Simões Sessa** - Psicólogo pela Pontifícia Universidade Católica de São Paulo (PUC-SP) e psicanalista pelo Departamento de Psicanálise do Instituto Sedes Sapientiae. Participa semanalmente, há mais de cinco anos, de grupos de estudos de teoria e clínica lacanianas. Atende em consultório particular crianças, adolescentes, adultos e casais desde 2011.

**Luciana Pires** - Psicanalista com especialização em psicanálise com crianças, adolescentes e famílias pela Clínica Tavistock, mestre e doutora pelo Instituto de Psicologia da Universidade de São Paulo (IPUSP). Autora do livro *Do silêncio ao eco: autismo e clínica psicanalítica* (Edusp, 2007) e de vários capítulos em livros, supervisora e coordenadora de grupos de estudos em psicanálise.

**Luciano Bregalanti** – Psicanalista, doutorando (com bolsa CNPq) e mestre pelo Instituto de Psicologia da Universidade de São Paulo (IPUSP). Membro do Departamento de Psicanálise do Instituto Sedes Sapientiae. Pesquisador visitante na Université Paris-Cité.

**Luiz Fernando Botto Garcia** – Filósofo e psicanalista, com graduação e mestrado pelo Departamento de Filosofia da Faculdade de Filosofia, Letras e Ciências Humanas da Universidade de São Paulo (FFLCH-USP). Autor de *Despertar do real: a invenção lacaniana do objeto a* (Zagodoni, 2021). Sócio da Apertura Para Otro Lacan (APOLa), sede Brasília.

**Marcos Roberto Fanton** – Psicólogo e neuropsicólogo, mestre pela Universidade de São Paulo (USP) e doutorando da Universidade Federal de São Paulo (Unifesp). Fellow de 2018 do *Research Training Program* da Associação Psicanalítica Internacional (IPA). Tem como foco de pesquisa a relação mãe-bebê e atualmente investiga os efeitos do trauma intergeracional nessa relação e no subsequente desenvolvimento da prole.

**Marie Danielle Brülhart** – Possui graduação em Psicologia e mestrado em Psicologia Social pelo Instituto de Psicologia da Universidade de São Paulo (IPUSP). Formação em Psicanálise pelo Instituto Sedes Sapientiae. Coordenadora do Ambulatório de Generidades no Laboratório de Psicanálise Jacques Lacan do Departamento de Psicologia do IPUSP.

**Marília Velano** – Doutora em Psicologia pelo Instituto de Psicologia da Universidade de São Paulo (IPUSP), mestre em Psicologia pela Université Paris 7 e professora do Departamento de Psicanálise com Criança do Instituto Sedes Sapientiae.

**Marina Dias Bianco** – Graduada em Psicologia e psicóloga clínica.

**Mauricio Rodrigues de Souza** – Doutor em Psicologia pela Universidade de São Paulo (USP). Exerce atualmente o cargo de professor associado IV da Faculdade de Psicologia e do Programa de Pós-Graduação em Psicologia do Instituto de Filosofia e Ciências Humanas da Universidade Federal do Pará (IFCH/UFPA).

**Monah Winograd** – Psicanalista, doutora em Teoria Psicanalítica pela Universidade Federal do Rio de Janeiro (UFRJ) e professora do Programa de Pós-Graduação em Psicologia Clínica da Pontifícia Universidade Católica do Rio de Janeiro (PUC-Rio). Coordenadora do Laboratório de Pesquisas Avançadas em Psicanálise e Subjetividade (LAPSU) e do Laboratório de Humanidades Digitais (LABHD) da PUC-Rio e pesquisadora da Cátedra Sérgio Vieira De Mello da PUC-Rio.

**Paula Regina Peron** – Psicóloga e psicanalista, doutora em Psicologia Clínica pela Pontifícia Universidade Católica de São Paulo (PUC-SP) e professora doutora do Curso de Psicologia da PUC-SP. Membra do Departamento de Psicanálise do Instituto Sedes Sapientiae e do Grupo Brasileiro de Pesquisas Sándor Ferenczi (GBPSF).

**Rodrigo Sanches Peres** – Psicólogo, mestre e doutor em Psicologia pela Universidade de São Paulo (USP), com pós-doutorado em Psicologia pela Universidade de Lisboa. Especialista em Psicologia Clínica pelo Conselho Federal de Psicologia (CFP) e professor do Instituto de Psicologia da Universidade Federal de Uberlândia (UFU).

**Rosana Sigler** – Psicanalista, membro associado da Sociedade Brasileira de Psicanálise de São Paulo (SBPSP). Psicóloga, mestre e doutora em Psicologia pela Universidade de São Paulo (USP). Docente no Curso de Especialização em Psicoterapia Psicanalítica *Ryad Simon* (CEPSI).

**Rose Gurski** – Psicanalista, membro da Associação Psicanalítica de Porto Alegre (APPOA). Professora associada Instituto de Psicologia da Universidade Federal do Rio Grande do Sul (UFRGS). Docente do Programa de Pós-Graduação (PPG) em Psicanálise: Clínica e

Cultura da UFRGS e do PPG em Psicologia Clínica da Universidade de São Paulo (USP). Bolsista de Produtividade CNPq. Uma das coordenadoras do Núcleo de Pesquisa em Psicanálise, Educação e Cultura (Nuppec) da UFRGS, pesquisadora do Laboratório Psicanálise, Sociedade e Política (PSOPOL) da USP e membro do grupo de trabalho Psicanálise e Educação da Associação Nacional de Pesquisa e Pós-graduação em Psicologia (ANPEPP).

**Thaís da Silva Pereira** – Psicanalista e psicóloga, especialista em Urgência e Emergência pela Universidade Federal de Uberlândia (UFU). Mestre em Psicologia Clínica pela Pontifícia Universidade Católica de São Paulo (PUC-SP) e doutoranda em Psicologia Clínica na Universidade de São Paulo (USP). Atua no Hospital Sírio-Libanês e em consultório particular.

**Thiago da Silva Abrantes** – Psicanalista, doutor em Psicologia pelo Instituto de Psicologia da Universidade de São Paulo (IPUSP) e membro filiado do Instituto Durval Marcondes da Sociedade Brasileira de Psicanálise de São Paulo (SBPSP).

**Thiago Pereira Majolo** – Psicanalista e mestre em História Social, membro do Departamento de Psicanálise do Instituto Sedes Sapientiae e da Comissão de Debates da revista *Percurso*. Integrante do Instituto AMMA Psique e Negritude, que mantém uma rede de psicanalistas atentos às relações raciais.

**GRÁFICA PAYM**
Tel. [11] 4392-3344
paym@graficapaym.com.br